封面上的往事

周一凝　著

中央广播电视大学出版社·北京

图书在版编目（CIP）数据

封面上的往事／周一凝著.—北京：中央广播电视大
学出版社，2014.12

ISBN 978 - 7 - 304 - 06586 - 7

Ⅰ.①封… Ⅱ.①周… Ⅲ.①期刊—封面—介绍—
中国—民国 Ⅳ.①G239.296

中国版本图书馆 CIP 数据核字（2014）第 133828 号

封面上的往事
FENGMIAN SHANG DE WANGSHI

周一凝 著

出版·发行：中央广播电视大学出版社
电话：营销中心 010 - 66490011　　　　总编室 010 - 68182524
网址：http://www.crtvup.com.cn
地址：北京市海淀区西四环中路 45 号　　邮编：100039
经销：新华书店北京发行所

策划统筹：郑 毅　　　　　　　　责任校对：张 娜
策划编辑：李 刚 朱亚宁　　　　责任印制：赵连生
责任编辑：郑 毅

印刷：北京市大天乐投资管理有限公司
版本：2015 年 1 月第 1 版　　　　2015 年 1 月第 1 次印刷
开本：160mm×230mm　　　　　　印张：13.5　字数：165 千字

书号：ISBN 978 - 7 - 304 - 06586 - 7
定价：30.00 元

目录

不忍：是可忍，孰不可忍

【刊物档案】

创办时间：1913 年　　　　　　　停刊时间：1918 年

出版地点：上海　　　　　　　　　创始人：康有为

主要撰稿人：康有为

刊物特色：康有为在辛亥革命后自己创办、自任主编、专登康氏一人著述的杂志。

刊物大事记：

1913 年 2 月，杂志创刊；康有为发表《不忍杂志序》，提出 10 个"不能忍"；

1913 年 11 月，出版至第 8 册，因康有为母丧停刊；

1917 年 12 月，杂志复刊，主编由潘其旋接任；

1918 年，停刊。

君主立宪梦

　　《不忍》的创刊号封面很耐人寻味：题字"不忍"二字看上去就挺悲惨、挺心痛的，笔触虽显羸弱，却略带着愤慨和坚韧。旁边一幅配图更有意思，在画面最下方，一条鳄鱼正张着血盆大口，满是杀气地望着不远的树上方坐着的一个人，只是这个人看上去并没有意识到自己正身处险境，依然非常淡定地望着眼下的风景；再往上走，另一个人站在高处的悬崖上，手上拿着一条长长的绳索，正好伸到下方这个人的眼前。上面的人痛彻心扉地想："你赶紧拉住绳子，我救你上来，"下面的人熟视无睹，抑或不屑一顾，想"我怎么了？这样不是很好！"

　　这样的场景正是《不忍》杂志创刊之时，在创办人兼主编的康有为眼中世界的模样。这正是民国建立后的第二年，也就是1913年的2月。暴力革命终于还是推翻了皇权和清帝国，取而代之的并不是另一个有着皇帝的朝代，而是以民主原则组建起来的中华民国。五权分立，宪法与法制，有任期的总统，这些在昨天还似乎遥不可及地存在于外来读物之中的概念，今天这一刻就演化在国民切肤可触的国家之中。

　　这是民国时代的开始，也是中国实现民主共和的尝试。但在这之前，有关国家变革的未来构想，最畅行的却是君主立宪制。依照这样的构想建立起的国家会是什么样子？形象地说，典型如英国，至今为止依然是君主立宪制国家，女王或国王虽然是一国之主，但有名无实而已，没有实际权力，议会和首相则按照宪法和法律通过党派竞选的方式来掌控国家。

　　照着西方的例子，只要用宪法和议会、首相等机构架空皇帝权力，似乎就可以顺理成章建成现代民主国家，实现从封建落后到繁荣富强的"华丽转身"。这是鸦片战争和不平等条约打开中国大门之后，睁眼看世界的知识分子们对变革的最初想法。

君子之于天下

用今天时髦的话来说，康有为就是这一时期的风云人物。跟那个时代许多精英都曾有留学海外的背景不同，青年时代的康有为接受的是传统的中式教育，最早读宋明理学，但慢慢对理学要义不能苟同，随即开始倾向于经世致用的学问，如顾炎武的《天下郡国利病书》。所以从康有为早年的读书经历就可以看出，此人读书带有入世的期望和救世的目标。

之后的康有为慢慢从中学转向西学。因为他先后游历了香港和上海，这两座城市都是当时被迫率先同西方国家通商的城市。令康有为大开眼界，意识到资本主义的先进性所在，同时在这里收集了载有西方政治制度和自然科学的书刊，使他逐步对中国腐朽现状和未来改革之路有了自己成型的构想，也就是君主立宪制。

以康有为为代表的一部分知识分子，后来逐渐形成历史上有名的改良派。再后来发生的就是更加有名的戊戌变法了，这都是出自康有为、梁启超和以谭嗣同为代表的六君子的手笔。

有着戏剧一般开端、发展和结局的戊戌变法人尽皆知，但并不是所有人都了解，改良派有关君主立宪的理论实践，最初是从讲学、著述和办报刊开始的。康有为在广东组织万木草堂讲学，就是在讲变法和君主立宪的理论。之后他又写了两本著述《新学伪经考》和《孔子改制考》，书中从人们旧有的封建和尊孔习惯出发，躯壳是规矩的，内容是新的、悖动的，因此对当时尚未开眼看世界的民众来说，具有很强的冲击作用，很快就被判定为荒谬的反书。

报刊的影响力更加强大。1898年，康有为在北京创办《中外纪闻》，刊登官方动态新闻和国外编译新闻，还探讨经世致用的学问以及各个国家富强的原因，颇有实用主义目的。一开始印一千份，后来读者越来越多，加印到三千份，当时许多朝廷官员、地方要员都在看这份刊物。虽然出版了一个多月就被封禁，但它依然被史家认定为资产阶级早期政治团体的机关刊物，也是中国早期新闻报纸之一，可见其在当时石破天惊的效用。

之后，康有为所属的改良派在上海创办了《强学报》，是中国最早的争论报纸，是改良派宣传维新变法、推行君主立宪制的重要手段，自然被清朝政府所不容，发行5天就被查禁，只出版了两期。

虽然这些报刊都是昙花一现，但它们在中国社会历史和新闻出版历史上的地位却很高，即便其重要地位并不为民众所熟知，但这些报刊依然标志着清朝末期学人们对新闻出版之于社会的重大影响的认识和探索。也正是有了这一时期的探索，方才有了民国时代叱咤风云、大名鼎鼎的《申报》《大公报》等报刊。

创举归创举，能不能产生实际的效用，不仅是康有为这个实用主义者关心的问题，也是我们拿来评判历史的标尺。维新派确然通过办报、著述奠定好君主立宪的理论铺垫，也确然付诸行动发起戊戌变法，但事实却是：改良派丝毫没能撼动封建帝制，戊戌六君子落得身首异处。

康有为他们早年都受中国传统教育规训，内心深处都是带有入世、建业的社会责任感，敢同强硬且顽固不化的帝国对抗，力图改良，乃是令人钦服的君子。然而或然是眼界所限，或然是时机尚未成熟，康有为并不能意识到所谓的君主立宪制，并不是皇帝之下组建起议会、颁布了法律就大功告成的。无论是哪个国家，在未能形成对应的经济基础，并且促成民心所向之前，议会和法律只不过是皇权拿来把玩的摆设罢了。

是可忍，孰不可忍

改良派一时土崩瓦解，四处逃命，康有为仍在，但暂时不能卷土重来。于是时序就到了20世纪的开始，武昌起义、辛亥革命，最终将帝国连根拔起的是革命党人，或者说，革命党人居然把帝国连根拔起。康有为听闻辛亥革命和中华民国建立的消息，也许会瞠目结舌，或许也会捶胸顿足。因为在他看来：首先，皇帝是不能废的，开明君主制下需要这样一个各方皆朝拜的皇帝，而革命派居然把皇帝废了；其次，最终改变中国的是革命党而不是他所代表的改良派，这其实也让失意的康有为有所不甘。

于是他在1913年创办了杂志《不忍》。这样一个十分有佛道感的名字，可能也会让你想起孔子所说的那句有名的"是可忍，孰不可忍"。康有为也正是这个意思，因为他认为"共和政体不能行于中国"，所以"见诸法律之蹂躏，睹政党之争乱，慨国粹之丧失，而皆不能忍，此所以为不忍杂志。"

在杂志的序言中他更是具体列出了十个"不能忍"：民国成立以后，"睹民生之多艰，吾不能忍也；哀国土之沦丧，吾不能忍也；痛人心之堕落，吾不能忍也；嗟纪纲之亡绝，吾不能忍也；视政治之窳败，吾不能忍也；伤教化之陵夷，吾不能忍也；见法律之蹂躏，吾不能忍也；睹政党之争乱，吾不能忍也；慨国粹之丧失，吾不能忍也；惧国命之亡，吾不能忍也……此所以为不忍杂志耶"。大意就是民主共和体制建立之后，民生多艰，政治腐败，原有的纲常礼教都破坏殆尽，这种惨状实在是让人痛心不已，所以不能再忍下去。

但需要注意的是，这份杂志虽然是康有为"不忍"民主共和而作，但在具体的内容中，康有为已经不再明确提倡君主立宪，而将重点转向批评共和体制下的不足。比如他觉得民国初年中国民权太重，造成暴民大兴、政党林立而形成割据，削弱中央政府的权力，长此发展下去，中国就会走向灭亡。由此推导出自由、平等和民权造成的"国轻民重"局面将会导致中国衰败。

所以，在康有为看来，恢复"国粹"十分有必要，这就包括过去帝国实行的法律和典章制度。而《不忍》杂志更为历史所知的正是它的尊孔主张，孔教应该被定为国教，孔子则是圣人，杂志本身不采取民国纪年，也不用西元纪年，而是孔子纪年。"今将欲救四万万之民，大拯中国，惟有举辛亥革命以来之新法令尽火之而还其旧。"康有为能说出这番话来，则其后参与袁世凯帝制复辟的闹剧，也就是自然而然的事了。

如今的我们自然觉得康有为对于平等、民权和恢复旧制的推断相当谬误。然而这正反映出民国初年，人们对忽然间建立起来的新世界的踌躇与彷徨。无论你是否称赞辛亥革命最终用暴力改变中国历史进程，也无论你是否对康有为为代表的改良派、复古派嗤之以鼻、一笑置之，当如何构建国家的议题摆在你的面前，谁都多少会犹豫和忐忑，就如同年幼的我们蹒跚学步，必然是在十字路口选择一条路，撞了南墙就知道要走另一条路，而下次就不会再错。民主共和、君主立宪和封建帝制的争辩，正是年幼的新中国面对十字路口的试错，等到帝制复辟的闹剧结束，连乡野的民众也知晓了，皇帝这个名字真的是一去不复返，世界的车轮碾过，我们要的是新体制了。

有为之为人

《不忍》杂志另一个特立独行之处在于，它由康有为创办，由康有为主编，并且专门刊登康有为论说，可以称得上是康有为的专刊，只是存世期间有几位康有为的学生帮助编辑。

这份月刊出了8期之后于同年11月停刊，原因是康有为不得不回家奔母丧。近5年之后的1917年复刊，又只出了2期便销声匿迹。没有标明终刊，但也没有再出现在历史之中。自编自写的专刊在历史上实在不多见，编者本身要"很有料"，并且最好是坚持不懈。民国时代同样是自编自写的杂志，还有二十年代鸳鸯蝴蝶派代表人物周瘦鹃的《紫兰花片》，杂志内容全是周瘦鹃自己创作的作品或者翻译的国外短篇，每个月出刊一本，从无缺漏，维持两年之久。

想来倘若《不忍》坚持这么久，对社会的影响力可能更大。而这似乎也说明这本短寿的个人杂志的存在不合时宜，就如复辟的帝制，迟早要被人们消遣。

戊戌变法、帝制复辟都失败后的康有为，心情自然不怎么好，旅居风光宜人的青岛，再没有参与时代精英战场上的政治变革。他本来受西学影响提倡男女平等和一夫一妻制，但自己却妻妾成群，处处留情，成为风流圣人。一生娶了六位太太，其中有一位是美籍华人，一位是日本人。六位太太给他生了十五个子女，但只有二子四女长大成人。

失意后的康有为游览杭州西湖散心，身边带着的居然是一名妓女。趁着西湖好风光，康有为作诗一首"南妆西子泛西湖，我亦飘然范大夫"，把身边妓女比作西施，把自己比作范蠡，在当时传为笑柄。后来他在湖边碰到一个美若天仙的女子，当时18岁尚未婚配，康有为立刻托人提亲。那时候，康有为已经年逾花甲，但康有为和媒人都坚持这桩婚事，最终婚礼在上海举行，18岁的妙龄少女成为康有为的第六位太太。婚礼上亲朋好友都来祝贺，唯独康有为的五位太太和子女不赞成此事，以集体缺席婚礼抵制。

1927年3月，康有为在上海过了70岁生日。当月30日，他在青岛与一位同乡吃饭，宴席还未散就觉得腹痛离开，第二天便客死他乡。他是思想家、是教育家也是书法家，他在清末的政治舞台上"兴风作浪"，创办了《不忍》杂志，是被许多人奉为圣人的孔教徒。但当我们掀开历史的头纱，转身去看他的另一个侧面，就会发现世间无神圣，你我都是凡人。

东方杂志：杂志的杂志

【刊物档案】

创办时间：1904年   停刊时间：1948年

出版地点：上海   创始人：夏瑞芳

历任主编：徐珂、孟森、杜亚泉、钱智修、胡愈之、李圣五、郑允恭、苏继顾等。

刊物特色：大型综合性杂志，力求全面、客观、准确地反映国内外政治、经济、文化、教育、军事等诸方面的最新信息。

刊物大事记：

1904年3月11日，由夏瑞芳创刊于上海商务印书馆；

1911年，编译所理化部长杜亚泉兼任杂志主编，对该刊从形式到内容都进行了一次大改革；

1924年，胡愈之成为《东方杂志》主要编辑之一；

1932年1月，出版"新年的梦想"新年特大号；

1932年，因日军侵华短暂停刊；

1937年，迁往湖南；

1938年，迁往香港；

1941年，香港沦陷，杂志停刊；

1943年，杂志于重庆复刊；

1946年，杂志迁回上海；

1948年12月，停刊。

"最努力者"

从《东方杂志》封面上似乎就可以看出杂志的志向，吞云吐雾的正是中国的象征——龙，阳光初升，照亮地球上的东亚版图。这幅封面说的正是《东方杂志》于发刊词中标明的杂志宗旨与立场，"启导国民，联络东亚"，即启发民智，促进与东亚乃至与西方间的沟通。

而"启导"与"联络"的方式，则是《东方杂志》独有的全景百科全书式内容。中外时事、政经文化、实业教育无所不包，如它封面上标注的杂志英文名一般，是一份"Miscellany"，也就是杂录。

《东方杂志》于1904年3月由商务印书馆创办人夏瑞芳主办，也由商务印书馆编辑发行。初名《东亚杂志》，因为与当时的德文杂志《东亚杂志》同名而改为《东方杂志》。1904年尚处于清末光绪年间，民主革命还未开始，民国还未建立，君主立宪与实业救国运动正轰轰烈烈，引进知识以资启蒙已然是各方时政与文化精英的所思所想。彼时的商务印书馆已经成为中国现代出版业的标杆与里程碑。早在1897年初创之时，就有了"倡明教育，开启民智"的抱负，商务印书馆抱有理想但并不浮躁和急于求成，致力于编写大中小学基础教科书，翻译西方名著，编纂整理工具书，在出版与知识传播上可谓稳扎稳打。

夏瑞芳

　　《东方杂志》于这样的母体中诞生，一开始既带有严谨有序、认真扎实的学究气，而又富有倡导改革的时代风范。杂志选录内务、军事、外交、教育、财政、实业、交通等方方面面的新闻要事，又有相对应的评论以及小说、丛谈等栏目。每期杂志有十五万字左右，配以图画和广告，虽然每期内容极多，但《东方杂志》坚持低廉定价，目的在方便"内地人士无力遍阅各报者，得此亦足周知中外近事"，不求精英化与商业化，而重在广大民众之中的普及率，显然杂志在启蒙这一理想上颇有诚意。在装订上"每类无论多少各自为页，不相掺杂以便分钉成书"、"每册卷首编成目录，详注页数以便检讨"分门别类的编纂方式方便有志之士查阅时事，经年累月，杂志也自然而然成为百科全书。作为月刊，由于杂志忠实记录每月各行各业的重大新闻，所以《东方杂志》也是清末和民国历史的见证者。时势造英雄，可以说这一段动荡、多样而极具可能性的独特历史造就了《东方杂志》，也因《东方杂志》忠实、努力、认真而又严谨的风格，使其享有"杂志的杂志"、"知识巨擘"、"传世名作"的美誉。

识时务者为大家

1911年辛亥革命后，封建军阀、帝国主义与资本主义搅乱人们的思维。商务印书馆感到有必要革新《东方杂志》，以适应动荡而不明朗的时局，遂请来杜亚泉担任主编。

杜亚泉

照说当《东方杂志》主编并不是件简单差事。一来商务印书馆对严谨和认真的追求，非一般学者文人可以胜任；二来杂志内容广博的特性就要求主编学贯东西，上知天文下知地理；三来还要认同《东方杂志》启发民智的宗旨与理想，从旧时代走来，又能以开放心态面对未来。这个标准框下来，看似找到这个完美主编比登天还难，却非杜亚泉莫属。

杜亚泉的学养以传统的训诂学入手，少年时代十分勤奋好学，盛夏为了避暑，晚上在家里的庭院内支起蚊帐，挑灯读书到深夜，时常被周围人当成异类。训诂学讲究严谨、注重细节，对杜亚泉做学问的方法和态度是极好的训练。甲午中日战争后，杜亚泉受举国上下救亡图存思潮的影响，摒弃中学和"学而优则仕"的传统学者生涯，而转向以科学为主的西学。其间虽然得到蔡元培照顾，但对物理化学算术等西学的通彻领悟，多靠他特强的自学能力。严谨认真、学贯东西，这两条苛刻要求，杜亚泉完全符合。

蔡元培评价杜亚泉时说，他虽然擅长理科，但不局限于技术表层，而对哲学、时政、强国、革新等时代议题也有深入思考，也同样倡导民权、女权与物竞天择。杜亚泉对教育救国理想的实现，从编译教科书开始，包含《普通数学》、《普通化学》、《普通动物学》、《普通生物学》等中学理化教材，也有《普通英文典》和《文学初阶》这样的文科课本。他编纂的《普通新历史》，忠于史实又融入爱国情怀，在当时的教育界和学界极受欢迎，5年内竟重印了28次。

1904年，杜亚泉受商务印书馆老板夏瑞芳邀请出任编译所的理化部主任。自此，商务印书馆初期出版的理化课本，大多由杜亚泉编译。随后，时局日益动荡，一心以教育救国的杜亚泉，日益感知到民众的求知欲，以及需要"诱导""以救国人知识之饥荒"，而此刻《东方杂志》正图革新以跟上时代步伐，杜亚泉出任主编便是水到渠成之事了。

杜亚泉对《东方杂志》进行改版，变小开本为大开本，月刊改为半月刊，字数增加到20万字；改变杂志原来的选报性质，增添对国内国际政治经济形势等当下议题的评论文章，又增加"科学杂俎"栏目普及科学常识，以及"谈屑"栏目，鼓励争鸣、批判和针砭时弊。杜亚泉时代的《东方杂志》焕然一新，从此站稳当时中国销量最大、最具影响力的综合性杂志地位。

人说杜亚泉从理化科学中受到理性、客观的思维训练，使他对时局的思考也相当清醒自主。杜亚泉在《东方杂志》上以笔名耕耘不辍，发文倡导科学与民主，反对专制，也反对激进革命，主张渐进改革。1912年，杜亚泉翻译了日本的《社会主义神髓》一书，刊载于《东方杂志》上，这比陈望道翻译的《共产党宣言》出版还早8年时间。由此可见，杜亚泉使《东方杂志》更加具有兼容并包、学贯东西的特性，成为民国学界的一道风景。

梦想的时光机

1932年，商务印书馆总经理王云五邀请胡愈之出任《东方杂志》主编。胡愈之称得上是跑得了的记者，坐得住的编辑，写得好的作家，又熟谙翻译与出版，是新闻出版界罕见的全才。王云五同胡愈之签订的编辑合同赋予主编完全的编辑自主，稿件取舍不必经过总经理，可见商务印书馆十分信任胡愈之，也对杂志的持续繁荣寄予了希望。

十分擅长策划的胡愈之上任不到20天就在《东方杂志》策划了"新年的梦想"特辑。杂志向当时全国的各界精英发出征稿信，说到当下的局势里国家与民族沉沦，但总归还有明天可以抱以期望，"梦是我们所有的神圣权利"，征求大家描写"梦想中的未来中国"和个人生活中的梦想。

或许因为人们太久沉痛于长夜漫漫、夜半寒冷，或许因为"梦想"这件事总是无限美好而不分高低贵贱，这个有关梦想的策划得到全中国的热烈回响。1933年第一期的《东方杂志》上刊载了来自142人的244个"梦想"，他们来自各行各业，包含学者政要、商人、教育家，其中就有徐悲

胡愈之

鸿、巴金、茅盾、郁达夫、林语堂、周作人等于时于今都鼎鼎大名、影响深远的巨擘。

这就如乘坐时光机穿梭于百年之前与今天，且看那时的人们梦想之中的未来中国是何种模样：

柳亚子与邹韬奋都梦想未来是共劳共享的平等自由社会；叶圣陶希望中国能人人有饭吃，人人有工做，如郁达夫所说"没有争夺，没有物质的压迫"；也有报社编辑梦想未来中国没有"国学""国耻"和"国难"这些名词，"中国人走到国外去不被轻视"；或者"货真价实的廉洁"就是梦想；朴实有如"看一点书，种一点菜"，"每天工作四小时或者六小时"，"人人能有机会坐在抽水马桶上大便"。丰子恺也用漫画描述了平民国家梦：

　　活动的影响越来越大，发表的梦想之文多表达对国民政府和现状的不满，所以对政治气候极为敏感的总经理王云五立刻嗅到不安的味道，深知当局压力不可轻视，忍不住对胡愈之说："你这些东西可是不得了的，商务印书馆要封门的呀！"劝诫他少在杂志上编纂这样的内容，而胡愈之却不同意，强调他们之间签好的合同，编辑自主权在胡愈之。王云五一听，又是无奈又不敢就此罢休，所以对胡愈之说那没有办法，只好取消合同，不能坐视这样大的杂志和商务印书馆冒上被封的危险。

　　那瞬间胡愈之也是气到盛处不能自持，便顺着王云五说道"取消就取消"。于是合同就这样取消了。后来，胡愈之的朋友们也常在这场风波上批评他本不必如此心急，时局是只强硬的老虎，《东方杂志》已然是具有广泛影响的大杂志，在硬碰硬必然输的情况下不妨凭借杂志的影响力慢慢渗透。

这似乎也在佐证社会学家陶孟和所说的"梦想是人类最危险的东西"，因为梦想让人幡然醒悟，让人重新于不满与希冀之中获得抗争的力量。之后鲁迅也曾写文，觉得《东方杂志》做这样的梦想特辑没什么太大的必要，人们梦想未来社会大家都有饭吃，梦想一个大同社会，却不曾真切地认识到，国家到达这样的境地，需要经过怎样的阶级斗争，怎样的虐杀，怎样的白色恐怖。如对这些必然过程没有深刻感知，梦想也终究只是遥不可及的梦想。

至于百年前的人们对未来中国的畅想最终有没有变为现实，则自有时间与历史公道论证与评说。

时代的驱逐舰

《东方杂志》的命运从创刊伊始就注定离不开时代与战火的影响。近半个世纪的时间里，杂志更像是被时局驱逐追赶，不断逃亡与重生。历史上《东方杂志》曾数次停刊，1932年上海发生"一·二八"事变，日军轰炸上海，位于宝山路的商务印书馆损失严重，杂志被迫停刊8个月有余；抗战爆发前夕，杂志迁往湖南长沙，随后迁至香港；1941年太平洋战争爆发，日军攻陷香港，杂志再次停刊，两年之后才得以在重庆复刊；抗战结束后重返上海。

1948年12月，国民政府奄奄一息，经济崩溃已经困扰这块土地许多年，上海滩的空气里到处都是大变革和政治地震的味道。战火驱逐《东方杂志》四处奔波，此刻没有硝烟的时代之手最终让它寿终正寝，前后历时15年的《东方杂志》最终于此时停刊。

1967年，杂志在台湾复刊，原来的总经理王云五担任发行人，出版至1990年停刊。而在大陆，1999年《东方杂志》改名《今日东方》后复刊，依然为商务印书馆主办。无论是哪一支血脉，《东方杂志》风采不再，因为成就它、繁荣它的时代已经成为尘封的往事。

独立评论：真理、独立与自由

【刊物档案】

创办时间：1932年　　　　　　停刊时间：1937年

出版地点：北平　　　　　　　创始人：胡适

主要撰稿人：丁文江、傅斯年、翁文灏、蒋廷黻等。

刊物特色：标榜"独立"精神的中国现代政论杂志。

刊物大事记：

1932年5月，杂志创刊；

1936年，因著论反对日本策划"华北政权特殊化"被迫停刊；

1937年4月，复刊；

1937年7月，终刊。

不争自由，争独立

《独立评论》的封面与同时期大部分争论杂志的封面一样，没有过多的装饰，刊名、期号、编者与目录，言简意赅，但细微的差异还是有的，《独立评论》的题字多出一些桀骜不驯的观感，很有"遗世独立"、"指点江山"的风范。

这也就是胡适作为主编在创刊号上发表的《引言》所强调的独立精神："我们叫这个刊物做《独立评论》，因为我们都希望永远保持一点独立的精神，不依傍任何党派，不迷信任何成见，用负责任的言论来发表我们各人思考的结果。现今有许多人所以不能独立，只是因为不能用思考与事实去打破他们的成见；又有一种人所以不能独立，只是因为他们不能抵御时髦的引诱……我们不说时髦话，不唱时髦的调子，只要人撇开成见，看看事实，因为我们深信只有事实能给我们真理，只有真理能使我们独立。"可见胡适和《独立评论》所作的努力是真正的独立，思想的独立要求人们抛开傲慢与偏见，诱惑与成见，而只承认事实和由此带来的真理。

但要做到不依附任何党派势力，还要求杂志做到经济独立，在这一点上《独立评论》十分特立独行。杂志创办伊始，社员们就约法三章，他们办这份杂志不索取任何报酬，杂志的运营花销是同人们从自己的日常收入中捐出百分之五组成的基金，以做到不向任何老板或是政党索要津贴。

后来胡适同北大学生进一步解释过"独立"和"自由"的关系，他希望学生与其争"自由"，不如争"独立"，"要知道，自由是对外面的束缚而言，不受外面势力的阻碍与压迫，这一向正是北大的精神。而独立是你们自己的事，不能独立，仍然是做奴才。我是说，要不盲从，不受欺骗，不用别人的耳朵当耳朵，不用别人的眼睛当眼睛，不用别人的头脑当自己的头脑。我提倡你们应有走独立的路的工具。学校当然要给你们以自由，但是学校不能给你们独立，这是你们自己的事。"《圣经》有言道"真理使人自由"，真理的获得，如上所述，要人摒弃成见和偏见；从这里来说，真理、独立与自由，本就是同一个问题的不同方面。

关于"独立"与"自由"关系的重新思考和审视，是人人忙于救亡图存的年代里难得的理智与冷静的声音。胡适用《独立评论》告诉世人，并不是空喊"自由"或是"民主"，他们就会自然而然地实现，做不到思想和经济的独立，无论何时何地都还是依赖于外物的奴隶，而不是完整且完全属于自己的人格。

问题还是主义

　　《独立评论》创刊于1932年5月。胡适联合老友丁文江、蒋廷黻、傅斯年、翁文灏等人在北平创建了独立评论社，社刊便是《独立评论》。杂志因为宣告没有党派色彩、独立对时事作出评论，所以受到读者欢迎，影响力逐步扩大，杂志发行量最高之时达到1.3万份之多。1935年日本占领东北后入侵华北地区，向中国政府提出"华北政权特殊化"要求，使得华北成为日军可以自由出入的"真空地带"，1936年《独立评论》因发表文章反对日本这一行径而被迫停刊。次年4月复刊，但最终于1937年7月终刊。《独立评论》前后共存在5年时间。

　　与同时期在其他政论杂志上流行的讨论帝国主义、法西斯主义、封建主义以至资本主义、社会主义不同，《独立评论》主张"多研究一些问题，少谈些主义"。《多研究些问题，少谈些主义》最早是胡适发表在另一本杂志《每周评论》上的一篇十分有名的文章，他在文中说，"空谈好听的'主义'，是极容易的事，是阿猫阿狗都能做的事，是鹦鹉和留声机器都能做的事"。但"空谈外来进口的'主义'，是没有什么用处的。一切主义都是某时某地的有心人，对于那时那地的社会需要的救济方法。我们不去实地研究我们现在的社会需要，单会高谈某某主义，好比医生单记得许多汤头歌诀，不去研究病人的症候，如何能有用呢？"

　　《独立评论》创刊后主编胡适就努力在杂志中探讨"问题"。他觉得当下中国面临的问题是"贫穷、疾病、愚昧、贪污、扰乱"，是如何解决农民贫穷的问题，如何使民国摆脱独裁实现民主的问题。自然，这样"消极怠工"的实用主义受到了鲁迅为代表的"主义"派批评。

　　然而，到底是"问题"还是"主义"，争论始终没有停止，似乎也最终伴随着江山易代而有了答案。大部分主义已经成为历史，有些主义创造了新历史，但时间的喧嚣过去，我们看到胡适当年在《独立评论》上提出的"问题"，依然像是被人轻描淡写过的蚁穴，慢慢扩大，直到人们不得不竭尽全力，亡羊补牢。

诚然，《独立评论》也未能做到自始而终的"独立"。一开始，胡适等人的文章能尊重基本事实，不偏袒国民党，不称共产党为"匪"。"大家都知道国民政府所谓匪，就是武装的共产党。自从国民党反共以来，对于反共的名词，经过了几次的变迁。最初的时候是'清共'，以后是'讨共'，到了最近是'剿匪'。但是共产党并没有因为国民党对于他们改变了称呼，就丧失了他们政党的资格，更没有因为由'清'而'讨'而'剿'，减少了武装的势力。""国民政府为自卫计，想用兵力铲除这样迫胁它自身存在的政敌，这种心理是一个政府不能没有的"。

但之后的《独立评论》就不怎么能善始善终，"清共剿匪"、"先剿匪，后抗日"，这样显而易见站在国民政府一方的词语就经常出现在杂志之中，甚至一直注重独立的主编胡适也在杂志上连载的《南游杂议》中写道："去冬朱毛西窜，广西派出的省军作战的只有十一团，民团加入的有十五个联队，共约二万人，结果是朱毛大败而逃，死的三千多，俘虏七千多。"虽然《独立评论》也经常批判国民党政府的党化教育，反对国民政府管制报纸言论和新闻自由，但自由主义色彩鲜明的《独立评论》同人，本质上还是支持国民党而反对共产党，但面对国民党的软弱、腐败很有"恨铁不成钢"的意味。

《独立评论》党人们

相对《独立评论》的"独立与自由"、"问题与主义"来说，杂志同人们则更加多样，有许多并不是纯文人。

丁文江

比如丁文江，他在日本和英国留学，在英国获得动物学和地质学双学士。他是中国地质事业的奠基人之一，曾任二商部地质研究所、农商部地质调查所所长，并且在此机构中推动建立了地震、土壤、燃料等多个研究室。然而你若是觉得他专心于地质和学术，那么他在政论上做出的贡献，则八成会让你刮目相看、大开眼界了。1922年他与胡适创办《努力周报》，就在文章中谈到"中国政治的混乱，不是因为国民程度幼稚，不是因为政客官僚腐败，不是因为武人军阀专横，——是因为'少数人'没有责任心而且没有负责任的能力。"之后又同胡适创办《独立评论》，在不依附任何党派的独立精神熏陶下更多以旁观者的身份评论天下大事。比如，他发表《假如我是张学良》，变身军事学家指挥作战；还有《假如我是蒋介石》，他劝国民政府"立刻与共产党商量休战，休战的唯一条件是在抗日期内彼此互不相攻击"并且"立刻完成国民党内部的团结"。你也可说科学方法给了丁文江客观严谨的思维方法，从此他对中国历史的贡献，决不局限于地质。

另一个十分有意思的编辑是傅斯年。傅斯年的青年时代在北京大学、伦敦大学和柏林大学完成学业，涉猎实验心理学、语言学、考据学、

生理数学和物理等学科。学成回国后在广
州中山大学执教，之后先后转任北京大学
教授和代理校长、台湾大学校长。他是历
史学家和教育学家，也是五四运动的北大
学生领袖。

傅斯年

算起来傅斯年是胡适的学生。胡适
说他是"人间一个最稀有的天才，他的记
忆力最强，理解力也最强。他能做最细密
的绣花针工夫，他又有最大胆的大刀阔斧
本领。他是最能做学问的学人，同时他又
是最能办事、最有组织才干的天生领袖人
物。他的情感是最有热力，往往带有爆炸性的；同时，他又是最温柔、最
富于理智、最有条理的一个可爱可亲的人。这都是人世最难得合并在一
个人身上的才性，而我们的孟真确能一身兼有这些最难兼有的品性与才
能。"

然而，当年胡适刚到北大教授中国哲学史的时候，在学生中间争议
很大，有学生认为他不够格。傅斯年不是哲学系学生，但在朋友撺掇下去
旁听了胡适的课，听完后他觉得胡适讲得非常好，对哲学系好友说："这
个人书虽然读得不多，但他走的这条路是对的，你们不能闹。"这句话让
胡适的学生们从此"安心"，之后胡适说起这段往事之时，如此说傅斯
年："我这个二十几岁的留学生，在北京大学教书，面对着一班思想成熟
的学生，没有引起风波，过了十几年以后才晓得孟真暗地里做了我的保护
人。"孟真就是指傅斯年。

傅斯年在《独立评论》上发表的文章表明他拥蒋反共，但赞同联合

从左至右：傅斯年，胡适，胡祖望

抗日的立场。虽然如此，傅斯年担任国民参政会参政员，但拒不出任政府
高官职位，这番桀骜不驯反而受到蒋介石欣赏和礼遇。他到台湾之后任台
湾大学校长，有一次，当时的代总统李宗仁到台湾来，蒋介石在机场迎接
李宗仁。在会客厅里，蒋介石坐在沙发上，身边坐的就是傅斯年：跷着二
郎腿、拿着烟斗叼在嘴里、跟蒋介石指手画脚讲话。文武官员一众人，没
有人敢在蒋介石面前坐下，更没有人敢这样"嚣张"地坐着。

　　傅斯年爱护学生，深受学生爱戴。1950年12月傅斯年脑出血突发，
在台大讲台上去世。当日广播新闻里说"傅斯年先生弃世"，被学生听成
了"傅斯年先生气死"。于是台湾大学学生聚众闹事，要求校方惩办凶
手，直到政府官员出面解释清楚，学生才散去。足见傅斯年校长的威信。

观察: 局内的局外人

【刊物档案】

创办时间: 1931年　　　　　　停刊时间: 1937年

出版地点: 上海　　　　　　　创始人: 储安平

主要撰稿人: 曹禺、胡适、卞之琳、周子亚、宗白华、吴晗、季羡林、柳无忌、马寅初、梁实秋、冯友兰、朱宣咸、傅雷、费孝通、朱自清、钱钟书等。

刊物特色: 最为成功的大型知识分子政治时事性周刊。

刊物大事记:

1946年1月6日,《观察》第一次发起人会议在重庆召开, 决定了刊物的名称、缘起和征股简约;

1946年9月1日, 在上海创刊;

1947年10月25日，储安平撰文《评蒲特立的偏私的、不健康的访华报道》；

1948年12月24日，被国民党当局查禁，多名工作人员被逮捕，是为著名的"《观察》事件"；

1949年11月1日，在北京复刊，主编仍为储安平；

1950年5月16日，终刊。

旁观者《观察》

　　《观察》周刊是近现代中国十分有名的刊物，为它撰稿的作者可谓是"星光灿烂"，而杂志的读者也是遍布全国，最高销售量达10万份。

　　人谓《观察》能有如此大的影响力，跟它的理念和自我角色的定位有很大关系。杂志的基本立场，可以用封面上的英文来概括：Independence, Non-Party, The observer，分别是独立、无党派、观察者的意思。显然，杂志将自己定位于无党无派的独立观察者。按照杂志所述，"民主"、"自由"、"进步"、"理性"、"公平"、"独立"、"建设"、"客观"是其基本原则和主张。

　　光如此言还是不能够切肤理解。《观察》杂志于1946年9月在上海创刊，这已经是抗日战争结束之后，内战正马不停蹄，国统区和解放区正如虎视眈眈的狼与虎，逐鹿中原箭在弦上。在新闻出版界，抗战前风行的政论杂志，停刊的停刊，封刊的封刊，能复刊的已然难复风华。与此同时，烽火的对峙蔓延到思想和笔端，字里行间都是炮灰的气味，"共匪"和"反动派"，"沦陷"和"解放"，像是思维的激素，激起对"正"与"误"的认同与否认。民众需要的或许不是激愤，而是事实，或者多种视角下的观点。

《观察》正是在这种背景下诞生，应了读者需求。杂志设有专论、外论选译、观察通信、文艺和读者投书等栏目，对时下热点政局、战局和经济、文化以及社会生活等多方面进行讨论和评论，并坚持对国内各党各派不偏不倚。《观察》较少谈"主义"，而聚焦在具体问题，上到国共内战局势、政府腐败问题，下到物价飞涨、时不时就闹起来的学潮，还甚至有国际问题，如美苏冷战。所以《观察》周刊的内容十分贴合当下民众最关心的时政问题，它写政治，但不抽象不空谈。

另外，《观察》的作者群阵容非常强悍，难以相信这样一大群在各个领域大名鼎鼎数一数二的专家学者，都云集此，成为杂志的撰稿人：曹禺、胡适、卞之琳、周子亚、宗白华、吴晗、季羡林、柳无忌、马寅初、梁实秋、冯友兰、朱宣咸、傅雷、费孝通、朱自清、钱钟书……你若觉得是杂志影响力扩大了才吸引到这些凤凰来巢，那请看《观察》创刊号上的作者：王芸生、傅斯年、冯友兰、费孝通、钱钟书、杨绛、萧公权、马寅初、宗白华、梁实秋。这些在自己的领域内数一数二的作者，成就了《观察》的快速上升，而他们也凭借《观察》得以"开口说话"，观点得以传播。

综合以上就不难理解，《观察》诞生之后，短时间内发行量迅速由一开始的400份上升到10万以上。虽然出版是在上海，但在当时，杂志的影响力已经大到全国各地包括广州、武汉、重庆、西安、北平和台湾等都能买到航空版。

《观察》者

《观察》的作者群大体分为三种人：

一是希望通过报刊的影响力来参与国家政治的人，他们相信"知屋漏者在宇下，知政失者在草野"，舆论的力量能督促当局者反省自身，从而达到参政与强国的理想；

二是本身是"术业有专攻"的人，最常见的是学者教授，在某个学术研究领域已经有自己的成就，但同时对政治有兴趣，希望能在政治体系和棋局中扮演具体角色；

三是对政治较为冷感，醉心于学术的人，他们或是天生就对政治没有太多兴趣，或是看破了政治反复无常而又亘古不变的本质，所以不谈国事，只谈知识。

第一种人就如《观察》主编储安平，第二种典型如费孝通，第三种则以钱钟书为代表。三人是同年。

费孝通

　　费孝通是有名的社会学家，最为世人所知的著作是《乡土中国》和《乡土重建》，而这两本书都是《观察》杂志出版的丛书。同时，他在《观察》上发表的文章达到34篇，费孝通本人后来曾经回忆："《观察》是日本投降后到中华人民共和国成立前这一段内战时期知识分子的论坛。知识分子就是好议论。《观察》及时提供了论坛，一时风行全国。现在五六十岁的知识分子很少不曾是《观察》的读者。当时我年华方茂，刚身受反动势力的迫害，岂肯默默而息。于是仰首伸眉，振笔疾书，几乎每期《观察》都有我署名或不署名的文章。"民主战士李公朴遭到国民党暗杀之后，他在报刊上公开发表声明"李公朴的血是标志着中国人民争取民主运动的转折点"。丝毫不畏惧当局的言论管制。

　　钱钟书则是其中不问政治的典型，当然他也是《观察》的供稿人，前后发表过四篇文章：《说"回家"》《补评英文新字词典》《游历者的眼睛》和《杂言——关于著作的》，没有一篇同时政有关。主编储安平十分欣赏钱钟书的学术随笔，说："钱钟书先生若把各种条件总加起来，他是中国最出色的一位治文学的人。他造诣的广博精深，允为同侪器重。他的文章另有风采，别具一格。"

钱钟书

写出《围城》的钱钟书，或许深深懂得政治这摊水，看起来刺激新鲜有激情，但其实水深莫测，或本来就是浑水，外面的人渴盼着进去期望着有所作为，里面的人才知道其中的酸甜苦辣。抗日战争末期有人将他与张爱玲相提并论，说他俩都同样是上海红极一时的作家，钱钟书连忙摆手道："我不如她，我从来没有见过她。我是一个 retired person"。"Retired Person"也就是闭门在家，不过问天下大事的意思。盛名之下的疏世，在战乱时代或然还无关大体，只是生活态度的差别，然而在所谓的和平时代里或许就是保命的前提。

《观察》事件

1948年12月，震惊中外的"《观察》事件"的来龙去脉，还要先从主编储安平说起。储安平早年在英国伦敦大学完成学业，导师是自由主义思想家拉斯基教授。（罗隆基也是拉斯基的得意门生）可以想见储安平的主要价值观是偏向西方自由主义的。1944年储安平在重庆创办《客观》杂志，这份杂志就以自由主义风格著名，力图以客观公正的视角看待时政，又具有知识分子良知和责任感，所以受到知识分子读者欢迎。

但储安平渐渐感到《客观》杂志虽然是他主编，但并不是由他主办，总是多少都会受到老板的牵制。所以第二年，也就是1946年，储安平在上海创办《观察》周刊，笔政和经营都由他一个人负责和掌握。

可以看出储安平就是寄望通过办报刊来参政议政的人，坚信舆论可以影响执政者，正如傅斯年所说："与其入政府不如组党，与其组党，不如办报。"所以一方面，因为储安平对自己所编报刊的期望很高，所以鉴于《客观》杂志的"前车之鉴"，他在《观察》的经营上包揽了所有大权，"观察社当时有十几二十

储安平

人，但除储安平之外，竟全是做发行等后勤工作的。"另一方面，储安平也深知政论杂志要想获得能影响政局的力量，必须犀利大胆，在评论上不能"手软"。这成为储安平主持笔政的重要原则，而储安平本人也"以身作则"，他在《观察》杂志上发表的时评，批评国民党当局的腐败政治，和国民党的白色恐怖、严格管制言论政策，他批判国民党"七十天是一场小烂污，二十年是一场大烂污，烂污烂污，二十年来拆足了烂污"。

10万份的销售量，就意味着每期《观察》杂志的读者可能达到百万之多。国民党政府向来对这样的影响力十分"恐惧"，在那样的时期不可能对《观察》坐视不管。1948年12月，蒋介石亲自下令，派军警查封《观察》杂志社，并且逮捕了杂志社工作人员笪移今、朱宣咸。前者是九三学社创始人之一，后者则是美术家。

国民党当局对言论管控到如此地步，引发国内外各界的关注。"《观察》事件"发生后，各方奔走游说，促请政府释放关押的《观察》人士而未果。随后李宗仁代理总统职务，王造时亲自出面斡旋。王造时是五四运动的领导人之一，与宋庆龄、鲁迅和杨杏佛等创建了中国民权保障同盟，是曾被国民党当局逮捕的著名"七君子"之一，具有广泛的社会影响力和社会声誉。在王造时的保释下，最后这个震撼上海滩的"《观察》事件"以国民党当局释放数位工作人员为结局收场。

风波终究有平息的一天，然而名噪一时的《观察》杂志自此停刊。1949年11月，在胡乔木的帮助下，《观察》杂志在北京复刊，为半月刊。开篇即刊登歌颂新政权的文章。杂志虽然复活，但灵魂已经随"《观察》事件"消失在国民党的大牢里，此《观察》已非彼《观察》。1950年5月，名叫《观察》的刊物终刊。同年创刊的《新观察》，已然不问政治，只顾文艺了。

局内的局外人

同是《观察》人，同样在20世纪40年代是学界和社会活动中呼风唤雨的人物，命运却翻云覆雨，结局各异。

主编储安平在新中国成立后，任新华书店副总经理，随后出任《光明日报》总编一职。坚信自由主义的储安平，或许认为腐败的蒋家王朝终于骂声一片地溃败逃散，江山的新主人会是全然不同的宽容、民主和自由。1957年6月，储安平在座谈会上发表了《向毛主席和周总理提些意见》的讲话，批评党群关系不好的现象十分普遍，并且说百家争鸣的文艺方针及"百花政策"实施之后，"大家对小和尚提了不少意见，但对老和尚没有人提意见"，"小和尚"是指基层党员，"老和尚"则剑指中央高层。他还委婉地指出政府已经成为一党天下。此文一出石破天惊，朝野震动，毛泽东"一连几天没睡好觉"。

随后的事大家就都知道了。6月8日，毛泽东发出《组织力量反击右派分子的猖狂进攻》的指示，反右斗争从此蔓延。储安平被打为"大右派"，在大会上"承认错误"，为境外反动报纸的喝彩"感到很沉重"。1966年8月31日，他与老舍在同一天投湖自杀，老舍去世，但储安平自杀未遂，被造反派关押起来。9月上旬失踪，生死和去向至今不明。

费孝通则因1957年3月在《人民日报》上发表《知识分子的早春天气》而被划为右派，同年9月《关于摘掉确实悔改的右派分子的帽子的指示》下发，费孝通头顶的"右派帽子"被摘掉。其后获得"国际应用人类学会马林诺斯基名誉奖"和"英国皇家人类学会奖章"等国际殊荣，成为国际知名社会学家，于2005年逝世。

疏世的钱钟书则一直专注于学术，1966年同妻子杨绛一起被判为"资产阶级学术权威"，钱钟书则作为"先遣队"赴河南省"五七干校",在这里担任过信件收发工作。其后杨绛也来到五七干校,也就是后来《干校六记》所记述的时期。1972年钱钟书返回北京,先后访问美国和日本,著作等身,最终于1998年逝世。

叶公超

同时期的《观察》撰稿人还有萧公权和叶公超。与以上几位不同的是,两位在1949年后分别赴美国和台湾。前者专心于政治学和社会史的研究,终老于美国;后者成为台湾当局"外交部长"和"驻美大使",晚年赋闲,醉心诗词和书画艺术,在医院落寞离世。

这个时代的人们,知道自己深陷纷繁复杂的时局旋涡,于是竭力挣脱,先后有多少人多少杂志报纸都努力做到无党派偏见,无政治倾向的客观与独立,试图跳出这盘看似怎么也下不完的棋而成为头脑清晰的旁观者。诚然,努力做到客观独立的观察这件事本身,就已经比沉迷在泥潭之中的人们清醒许多;然而话说到底,文章是人写的,人是有感情、有看法、有思考的动物,所以这世上有谁能做到真正的独立客观不带偏见呢。《观察》杂志正是这样一个试图抖落时代迷局带来的浑水的群体,拼尽全力成为局外人来看清未来的面目,然而杂志本身和杂志撰稿人们的命运却似乎在清晰地说明着:在历史和时间面前,没有所谓局外人和独立客观可言,谁都可能被时代的变迁改造、碾碎或是捧上天。从这一点来说,《观察》杂志只是时代的洪流里,在局内的"局外人"。

国风：复古地先进

【刊物档案】

创办时间：1932年　　　　　　停刊时间：1936年

出版地点：南京　　　　　　　创始人：柳诒徵

主要撰稿人：张其昀、柳诒徵、景昌极、缪凤林、张其春、竺可桢等。

刊物特色：以倡导发扬中华文化和昌明世界最新学术为任的刊物。

刊物大事记：

1921年10月，《学衡》杂志社成立；

1922年1月，《学衡》杂志创刊，学衡派由此形成；

1932年，《国风》杂志创刊；

1934年，南京国民政府将孔子祭祀列入国家祭典，祭孔成为当时中国中央政府所行之五大国家祭典之一；

1936年，因抗战停刊。

新文化与老夫子

说起《国风》则不得不提到《学衡》和学衡派。

这个听起来颇像是个武侠小说里武功派别的学派，伴随1922年1月《学衡》杂志的创刊而诞生。倘若是你身处1922年的话，你可能会觉得眼前的世界真是光怪陆离般新鲜。民国成立十年有余，皇帝的概念似乎离我们远去，似乎成为书里听说的历史，也似乎若即若离尚且阴魂不散地围绕在长袍马褂和张口即出的文书典故里；新文化运动铺天盖地，在早晨出门等车时候读的日报里，在书摊上摆着的用口水般的白话文写成的诗集小说里，在学校教室传出的讲授科学原理的惊叹声之中；五四运动也让你觉得，破旧迎新才是最流行和最紧要的事，一切跟封建传统有关的东西，比如原来满口的仁义道德，比如之乎者也的文言文，比如孔圣人和奉为圣书的孔教经典，都该像昨晚家里吃剩的饭菜一样，全部倒掉，留着只能让人觉得你迂腐。

是的，这个世界就是如此善变，就如早晨你还坚信不疑的价值观，晚间就被告知你落伍了，于是你就执着地按照"流行"去塑造自己的"新潮"，觉得始终是最新的就是对的不会出岔子，而从没有试图独立思考过，新和旧的差别到底在哪里，以及对于真理、民主、科学这些普世价值来说，所谓的陈旧事物是否真的一无是处。

你需要不同的观点，最好是对立的观点，好在不同的争辩之中重新选择唤起这时候仓皇的人类最为缺失的理性思考、冷静心态。这就是《学衡》和学衡派以及其后的《国风》所在的位置。它们是新文化运动的对立面，观点的盛世之下代表着另一种声音复古主义，这是十分难得的对抗和坚守。

　　当然，官家的历史总是有对错的历史，所以这一派和《学衡》《国风》杂志被视作保守和反动，其价值则长期不被人所知。但诚如弥尔顿所说，唯有在观点的意见市场之中才能寻求真理；普世价值的追求需要执着但不需要一种声音的专制，所以先不论《学衡》《国风》对文化和历史研究的贡献，单从反对新文化运动"打倒孔家店"而言，学衡派促使人们反思这场热闹的思想运动，检视自己是否在这场看似革命、创新和进步的运动之中，失去了某些不该丢弃的价值。

梅光迪

吴宓

　　《学衡》杂志和学衡派的主要阵营在国立东南大学。主要人物则有梅光迪、吴宓和胡先骕。他们并非没有留学欧美，梅光迪是中国首位留美文学博士，在哈佛大学执教十年之久；吴宓则在哈佛大学获得学士和硕士学位，之后在牛津大学和巴黎大学游学，从事文学研究。然而，他们并不如同时期的其他欧美留学生，艳羡西方文化，觉得西方文化先进，优于中国传统文化，他们的研究越深，越认同中国文化，希望捍卫中国文化和传统文言文。

《学衡》杂志在创刊号中阐明，杂志"树立了一面旗帜分明的大旗，担负起中流砥柱的重责大任"，学衡派的宗旨也在于"论究学术，阐求真理，昌明国粹，融化新知，以中正之眼光，行批评之职事，无偏无党，不激不随"。杂志主要刊登文学评论，常同《新青年》持对立观点，而后者则为新文化运动中的著名人物胡适、陈独秀和鲁迅等人所支持。虽然如此，《学衡》并不参与论战，而是通过文化、文学、史学、哲学、教育和宗教等诸多人文领域的学术研究达到中国现代人文学术的先导和启蒙目的。

但《学衡》杂志的黄金时代始终停留在创刊后的最初几年，1926年底杂志停刊，其后虽然复刊，但影响力已经不能同一开始相比，又为党派势力介入，所以到1932年，《国风》杂志取代《学衡》成为学衡派表达观点的主要阵地，学衡派也逐渐演变为国风社。

中国之风

半月刊《国风》杂志创刊于1932年的南京，终刊于抗日战争爆发前夕的1936年。创刊人是柳诒徵，笔政主要由张其昀、缪凤林、倪尚达负责。杂志名"国风"源于《诗经》，原来在《诗经》中是指周代到春秋期间的民间诗歌。而杂志的几位创始人将期刊命名为"国风"，则具有双重含义，一则致敬传统儒家文化的经典之一《诗经》；二则是"中国之风"的意思，反映出杂志坚守中国传统文化的主要内容。杂志标明办刊宗旨在于"一方面发扬中国固有之文化，一方面昌明世界最新之学术。""本史迹以导政术，基地守以策民瘼，格物致知，择善固执，虽不囿于一家一派之成见，要以隆人格而升国格为主。"意思是了解历史可以为当下的政局提供借鉴，杂志欢迎多种声音和意见，但都要以提升民众素质和国家力量为前提。《国风》杂志的封面上，"国风"二字十分有张力，正反映出杂志胸怀天下的风骨。

一般而言，《国风》被视为是《学衡》的继续，在学术上同中国史学会和其发行的《史地学刊》以及中国科学社的《科学》杂志有着密切联系。这三本杂志也都是在20世纪二三十年代的思想混战期内相对而言比较沉稳、严谨而一扫浮躁之风的期刊。而同20世纪20年代驰骋一时成为新文化运动对立面的《学衡》相比，《国风》在20世纪30年代的战乱时期更多出一份爱国民族情感，希望在国家危难之际发扬国家本我文化以振兴民族精神，希望加强民众的国家概念以齐心巩固国防一致对外。虽然如此，《国风》杂志依然保持文化学术刊物的性质，没有变身成为欲图参政议政的争论杂志。从《学衡》到《国风》以来始终如一的学术态度和研究心态，让这两本杂志成为中国人文学科研究领域具有重要贡献的期刊，被认为是新儒家的滥觞。

张其昀

在撰稿人上，虽然《国风》依然以学衡派的基本成员为主，但其后又增加了许多新作者，包括章太炎、朱希祖、钱钟书、唐君毅、萧公权等人，也有自然科学领域的杰出学者为杂志供稿，有如翁文灏、竺可桢、胡先骕、顾毓琇、卢于道等。

主编张其昀也是一位学养深厚的学者。他是哲学大师刘伯明、史学大师柳诒

徽、地学大师竺可桢的学生，学成后成为地理学家和历史学家。先是在
商务印书馆主编《高中中国地理》，与同时期戴运轨主编的高中物理教科
书、林语堂主编的高中英语课本一起成为当时教育系统里全国通用的三
大课本。此后出任后来更名为南京大学的国立中央大学教授中国地理，是
中国人文地理学的开山大师，是历史地理学的鼻祖，美国《科学》杂志对
他在自然地理学上的成就也有好评。因其学术成就和教育成就，张其昀于
1942年受美国国务院的邀请赴哈佛大学讲学。

　　他是学衡派的重要人物，后来成为国风社的灵魂人物。他说治学无
外乎五件事："一曰国魂，以谋发扬中华民族精神；二曰国史，探索中华
文化之渊源；三曰国土，研究中国在世界之地位；四曰国力，衡断经济
建设对国计民生之关系；五曰国防，以唤起爱国思想与民族正义，培养新
生力量。"而在中国文化研究上他觉得应该提倡"华学"，因为西方所谓
汉学排除了藏学、满学，而中国文化不仅由汉族文化构成，也在汉族与满
族、藏族和蒙古族之间的融合过程中不断创新和改观，所以包含少数民族
研究的"华学"才是中国之学。可见张其昀的治学思想和学术态度同《国
风》十分吻合，他对中国传统文化和传统价值观的精髓有充分的研究和认
识，以仁义礼智信为核心的中国文化让张其昀养成严谨而入世的学术态
度，治学本身并不是为了学问，而带有"为天地立心，为生民立命，为往
圣继绝学，为万世开太平"的家国天下理想。这或许也是在当年全盘否定
孔夫子的"盛事"所不齿吧。

复古地先进

　　如前所述，《国风》杂志在新文化运动之后一直坚守维护中国传统

文化的复古主义立场。新式西方"民主"与"科学"排挤尊孔的中国文化，而《国风》则力排众议，认为"孔子者，中国文化之中心也。无孔子则无中国文化，自孔子以前数千年之文化，赖孔子而传；自孔子以后数千年之文化，赖孔子而开。即使自今以后，吾国国民同化于世界各国之新文化，然过去时代之与孔子之关系，要为历史上不可磨灭之事实。"意思是无论是什么时代，无论时代如何变迁，中国文化以孔子为渊源的事实不会改变，就算是在未来中国文化同化为西方文化，孔子的地位也是不会被动摇的。

在《国风》学人的积极倡导和推动下，民国二十三年，也就是1934年，国民政府将祭孔大典列入国家祭典，祭孔成为当时中国中央政府所行之五大国家祭典之一。民国时期五大国家祭典为祭祀黄帝（中华共祖）、大禹（九州夏朝开创者）、孔子（儒家开创者，至圣先师）、朱元璋（明太祖）和孙中山（中华民国国父）。可见在当时，国民政府对传统文化和仪式都很重视，传统价值依然以官定的形式被尊崇和维护。这一点可能被尘封在思想运动繁盛时代的历史之中，而较少被人注意和提及。

而《国风》学人在历史对于一个国家的发展和民族认同感也有十分清醒和深刻的认识，"治历史者，职在综合人类过去时代复杂之事实，推求其因果而为之解析，以诏示来兹，舍此无所谓史学也。""讲历史的好处"在于"彰往察来"，"所谓考诸往而知来者"，人生短暂，少年人少不更事，老年人老成练达，就是因为经验有多寡，而讲史学可以使人获得"几千年的经验"，"从历史上看出人类常走的路"，悟出"人生的规律"。

诚然，《国风》并不是论战刊物，并不会对新文化运动的阵地刊物们直接发起笔战攻击。然而对孔子的文化地位、研究历史的社会价值的阐述和论证，则坚守了学衡派尊崇传统文化的立场，也在侧面回应新文化运动之后西式新文化对社会思想的冲击。西式的人文主义和普世价值固然需要学习，传统文化和道德里消极的奴性之根也当然要破除，只是当国门和思想的闸门打开，破旧的风潮涌进来的瞬间，人们也不应该忘记的是本尊文化的立命之根。

而如今国学又成为新的流行风潮，少年国学班和遍布海外的孔子学院，都成为全球化的新时代里独特的文化现象。或许是人们最终意识到，中国人的思维深处总也抹煞不了的影子依然是孔子的儒家思想；也或许是人们像是追求时尚一样发觉传统的"中国风"有着独特的美感，不是水土不服的汉堡和炸鱼薯条所能比拟。而我们反观回去，那时候被冠以"复古主义保守派"这一带着贬义帽子的《国风》以至于《学衡》和学衡派，却坚守住了这一"时尚"和价值，虽然复古，本质却是先进的。

剧学月刊：皮黄里的学问

【刊物档案】

创办时间：1932年　　　　　　停刊时间：1936年

出版地点：北平　　　　　　　创始人：南京戏曲音乐院北平分院研究所

主要撰稿人：徐凌霄、陈墨香、刘守鹤、曹心泉、王泊生、邵茗生、杜颖陶、金悔庐、程砚秋、王瑶卿等。

刊物特色：中国现代最有影响的戏曲理论刊物之一。

刊物大事记：

1932年，杂志创刊；

程砚秋发表声明将赴欧洲访问；

1933年，改为轮流主编制；

发表程砚秋的《致梨园公益会同人书》；

1935年，发表曹心泉的《琵琶谱录》《清宫秘谱零忆》；

1936年，因日军侵华停刊。

"不登大雅"的戏曲

《剧学月刊》的封面里的背景花纹是秦砖汉瓦上的车马图像，也就如说书人拍下惊堂木，或者一阵流畅的月琴声音之后，唇间指下演绎的故事，金戈铁马，王侯将相，才子佳人。

国粹京剧诞生于清朝。北京城稳坐首都要位，成为繁盛的帝国车水马龙的交通要道，也就成了四方国土的文化中心。极具地方特色的戏曲都曾汇聚在这里，融合成全新的京剧。席卷全国上下的京剧风靡数百年，从此边疆的烽火再急，也不会耽搁贵胄名卿、乡野草鄙听戏的瘾。

虽然达官贵人和平民百姓都多少好听戏这口儿，但到清代京剧诞生、流行以前，戏曲一直被视为不登大雅之堂的"玩意儿"，出身于草野，作者多是落魄文人，歌词粗鄙，流传在瓦舍勾栏。即使"台上一分钟，台下十年功"，成为明星和红角并不是件容易的事，也并非所有人都有这天赋做得来，但以戏曲为生的伶人依然被认为是社会底层的草民，为讲究读书与修养、高雅与艺术的士人所不齿。即使他们退了朝下了班，想做的还是听戏。

戏曲这种影响大但地位低的尴尬情况，在辛亥革命与五四运动之后有所改变。人们希图破除孔教权威的束缚，希图用新派的民主与科学开启民智，也在去粗取精还是一概摒弃传统文化的争辩之中，多多少少改变了对戏曲的看法。1904年，陈独秀在他创办的《安徽俗话报》上刊登了文章《论戏曲》，肯定了戏曲的地位和影响："戏曲者，普天下人类所最乐睹、最乐闻者也……戏园者，实普天下人之大学堂也；优伶者，实普天下人之大教师也。"

四大名旦：程砚秋、尚小云、梅兰芳、荀慧生

从此，戏曲就开始"正名"。《剧学月刊》就是在这种背景下创刊的。杂志于1932年在北京创立，在创刊号上，首任主编徐凌霄发表了《述概》一文，强调了杂志宗旨，"月刊以《剧学》立名，其义有二：一，本科学之精神对于新旧彷徨中西杂糅之剧界病象、疑难问题，谋适当之解决；二，用科学方法，研究本国原有之剧艺，整理而改进之，俾成一专门之学，立足于世界学术之林。"如他所说，"中国有剧艺有剧业而无剧学"，促使戏曲独立并成为一门学术和学问十分有必要。首期的发刊词上也认为"无意凡业必有学，今为百学具举之世，而剧学亦于是乎名。"

《剧学月刊》主动担负起戏曲"学问化"的重要使命，以及戏曲除去"不登大雅之堂"黑帽子的希冀，在20世纪30年代是领风潮之先的创举，对现在的戏曲研究的贡献之大可想而知。

《剧学月刊》的票友们

　　《剧学月刊》的首任主编是徐凌霄，然而徐凌霄首先是个报人。他出身名门，祖上世代为官，叔叔和堂兄是戊戌变法的主要策划人与参与者。青年时代在京师大学堂，也就是现在的北京大学学习工科，后来由于身体较弱转而从文，成为出色的记者、新闻文学教授和特约撰稿人。赫赫有名的"民初三大记者"、"报界三杰"，就是指《京报》创始人邵飘萍、杰出记者黄远生以及徐凌霄。

　　能担任《剧学月刊》这种专业刊物的主编，一定对戏曲有深入了解。徐凌霄对京剧和清末民初历史有极为深厚的研究学养。他在《京报》《大公报》和《新闻报》的副刊上发表过许多京戏评论文章，成为有名的京剧评论家，还写有关于京剧的学术著作《皮黄文学研究》。他不是舞台上华丽的生旦净末丑，但凭借对京剧的造诣和影响力，被梅兰芳尊称为"先生"。

徐凌霄

　　他治史的功底从少年时代就开始积累。他并不像其他钻研历史的人只研究正史，而是野史小说、笔记传说一概通吃。不须担心所谓野史能"扰乱视听"，徐凌霄在广博的历史阅读之中获得对人物和掌故的全面理解，这是钻研历史的另一番境界。另外，他尤其偏好中国近代史，历史是当下的明镜，他认为通过梳理中国近代史，可以探索未来中国变革和富强的方法。所以，他对清代历史十分熟悉，典故史实信手拈来，所以被人称赞道："论民国谈掌故之巨擘，首推徐凌霄与徐一士兄弟。"

历史、京戏和办报样样在行的徐凌霄，掌舵《剧学月刊》显然轻车熟路。杂志分设论文、专记、研究、古今剧谈、京剧提要等栏目，对中国古典戏曲和西方戏剧都有所呈现。占据最多篇幅的还是有关京剧的文章，包括京剧历史、剧目、舞台艺术和剧体文学等。后世史学家认为《剧学月刊》大量改编的传统剧本对剧学的发展贡献最大。

为《剧学月刊》撰稿的不仅有像徐凌霄这样的京剧评论家，还有专攻"场面"研究的专家，善于创作和改编的剧作家等。1933年3月起，因为徐凌霄的身体缘故，《剧学月刊》改为轮流主编制。

曹心泉就是一位经常在《剧学月刊》发表曲谱、论文和专记的老票

曹心泉

友。他生于戏曲艺人世家，所以从小就在家中丰厚的曲谱堆中长大。幼年时代学习昆曲，专攻小生，后来因为嗓败而改学"场面"。虽说上不了"台面"，但曹心泉通过努力，成为"台面"专家，擅长笛和月琴等乐器，精通昆曲和皮黄。他能谱曲，所以为《剧学月刊》编写的大部分文章，都是琵琶、丝竹、锣鼓等乐谱。因为他曾在清末担任内廷供奉，他还在《剧学月刊》第三卷发表了《清宫秘谱零忆》。

同样经常"出没"在《剧学月刊》上的还有著名京剧作家陈墨香，他少年读书时对古典戏曲产生爱好，开始尝试编写剧本。陈墨香在光绪年

荀慧生扮相

间曾拒绝清廷任命的户部主事一职，闭门在家读书研究戏曲。他自己也唱戏，专门演旦角，受邀出演过穆桂英，风采独特被称赞为"轻歌妙舞效瑶卿"。后来，他结识了日后大名鼎鼎的旦角荀慧生，二人性情相投，时常切磋技艺，陈墨香后来搬到荀慧生隔壁，从编到演，十分融洽。1924年，陈墨香编写了剧本《玉堂春》，这部戏是他将几部旧折子戏剔除淫秽部分合编而成。《玉堂春》交给荀慧生演出后，荀慧生名震京城，从此跻身四大名旦行列，陈墨香也随之成为人尽皆知的编者。他前后共写过55部剧本，多发表在《剧学月刊》上，因为他编写的剧本，剧情曲折又深刻，影响十分广泛，以致日本和欧美的戏剧人士都常写信给陈墨香，请教戏曲剧本艺术。"当今之编者，当首推墨香也。"

程砚秋的戏曲之旅

另一位京剧名角程砚秋也同《剧学月刊》有不解之缘。《剧学月刊》的创刊号上就发表了程砚秋的《我之戏剧观》一文。这篇文章写得很有意思，可以看出明星程砚秋的诙谐与志趣。在文中他写道："演一个剧，就有一个认识；演两个剧，就有两个认识；演无数个剧，就有无数个认识；算一笔总账，就出来一个'戏剧观'。"并且他强调对他而言，戏剧已经不仅仅是谋生技能，而是一个神圣的事业，"一切戏剧都要以提高人类生活为目标"。

程砚秋肖像和剧照

中国京剧历史上的一个重大事件就是程砚秋赴欧洲考察戏曲音乐，而这一引人注目的举动借《剧学月刊》公之于众。

诚然，程砚秋并不是第一个走出国门的京剧演员。1930年前，梅兰芳就曾经两次赴日本，一次赴美国演出京剧，好评如潮，甚至在世界范围内都具有轰动效应。至此为止，京剧和中国传统戏曲逐步"翻身做主人"，其社会地位和影响都受到尊重。然而为京剧赴国外进行考察的，程砚秋的欧洲之旅是第一次，这次戏曲之旅强化的是戏曲独立的学科地位，似乎在向世人宣言，京剧戏曲并不只是供人消遣之物，而有学问和研究价值所在。

1932年1月，程砚秋在《剧学月刊》上发表声明，收荀慧生的长子为徒，与此同时公布了自己将赴欧洲访学的计划。1933年他同样在杂志上发表了公告《致梨园公益会同人书》，在这篇文章中他说他"已决计不顾一切，定于本月十五日以前由西伯利亚铁路赴欧。预定在半年至一年的工夫，游历法、英、德、意、比和瑞士六国，把他们的戏剧原理与趋势考察一下，带一个有系统的报告回来，以为我们梨园行改进戏剧的参考，就算是程砚秋报答各位前辈及同人的初步"。

程砚秋也确然十分敬业认真，回国之后写成了《赴欧考察戏曲音乐报告书》。在这部书中他描述了他这趟"文化之旅"的经过。他出发后先到苏联，之后转去法国。在巴黎他见到了当时法国的著名戏剧家兑勒，后者对中国戏曲尤其是京剧脸谱很有兴趣，程砚秋送给他许多脸谱图案；他还同表演艺术家探讨化妆、发音和表演技巧。随后，程砚秋赶赴德国和瑞士日内瓦。在瑞士，日内瓦世界学校邀请他教授太极拳，因为他的太极拳功夫得名师真传，有很高的造诣。想不到名旦程砚秋还是个太极拳老手，可谓是"深藏不露"的武林高手。

1933年，日本侵华态势愈演愈烈，国危之时，程砚秋也不再有心思继续在欧洲逗留下去，取消了原来计划中去英国考察的行程，经意大利返回国内。这趟为期一年多的考察，即便未能最终按计划完成，也在中西方戏剧文化交流历史上写下了浓墨重彩的一笔。

梨园绝唱

1936年，日本占领北平后《剧学月刊》最终停刊。然而，刊物停了，影响还在，传承还在。京剧和传统戏曲艺术，从民间野路子上升为国粹和受到珍视的文化，也从受知识分子鄙夷的淫词艳曲，成为独立的学问和学术学科。

改变人们根深蒂固的看法，本身就是步履维艰的愚公搬山。在这个艰难的过程中，《剧学月刊》和它背后的老一辈艺术家们的扎实研究与贡献，不应被埋没在历史的大浪之中。

科学：求真和致用

【刊物档案】

创办时间：1915年   停刊时间：1951年

出版地点：上海

创始人：胡达、赵元任、周仁、秉志、章元善、过探先、金邦正、杨铨（杏佛）、任鸿隽等。

主要撰稿人：竺可桢、华罗庚、胡明复、丁文江、秉志、马相伯、张謇、蔡元培、熊希龄等。

刊物特色：我国现代出版史上创刊最早、出版时间最长、影响最大的科学期刊，为我国第一本左起横排的书刊。

刊物大事记：

1914年6月，中国科学社由留美学生成立；

1915年1月，杂志在上海创刊；

1915年9月10日，大发明家、科学家爱迪生致函赵元任，祝贺《科学》杂志创刊；

1918年，中国科学社总部迁至南京高等师范学校；

1930年，华罗庚在杂志上发表处女作；

1951年，杂志停刊；

1959年，中国科学社被迫停止活动。

常春藤的萌芽

1914年6月，还未到盛夏，炎炎烈日就炙烤着美国康奈尔大学的校园，在树木丛生的校道上留下斑驳树影，以及学生们踩过时的笑声、低语声和赶去读书的匆匆脚步声。

还未到盛夏，弓箭上的弦就已经紧绷到可以擦出火星来，全世界都屏住呼吸一面静观其变一面暗自做好最糟糕的心理准备。"一战"就在这一年点燃，瞬间烧遍整个欧洲乃至世界。硝烟和战火，让这一整年都是盛夏时节，让人燥热不安。

还未到盛夏，中华民国刚刚确立起的宪法就似乎要在袁世凯慢慢握紧的拳头前融化殆尽。革命尚未成功，革命的观念启蒙伴随实业工厂和报纸杂志氤氲在中国土地，更加具有决裂勇气的新文化运动则尚未开始。

夜幕就如湿了水的毛巾，在不知不觉中擦净了白天的暑气。康奈尔大学的校园里，几个上了一整天课的学生像往常一样，聚集在树荫下的长椅上，乘着凉谈论着今天课上的趣事和没完成的课后任务。谈起他们共同忧心的江山社稷，不知是谁忽然提议起，建立一个科学社团，来"提倡科学，鼓吹实业，审定名词，传播知识"，通过普及科学来启蒙和强国，没承想在场所有人听了都极为赞成，社团就这样成立了。这个社团就是后来名扬天下的中国科学社，这几个黄皮肤黑眼睛穿着笔挺西装的中国人，就是当时在康奈尔大学留学的中国学生任鸿隽、秉志、周仁、胡明复、赵元任、杨杏佛、过探先、章元善和金邦正。

　　诚然，他们几个人在完成学业回国之后走上了不同的事业发展路途。然而，中国科学社始终是他们共同的事业。他们大多是学习科学、教育和工程学科出身，社长任鸿隽是个著作等身的化学家。中国科学社则成为中国最早的现代科学学术团体，发展到1949年已经拥有超过3700名社员。而"提倡科学，鼓吹实业，审定名词，传播知识"则成了社团始终坚持的宗旨。虽然这个学术团体是私人创办和经营的，但作为"第一"，它诞生之后很快就成为中国科学事业最权威的领导机构，很像是英国皇家学会。中国科学社在后来漫长的发展过程中能有如此大的影响和如此高的地位，恐怕是在康奈尔大学的树荫下嬉笑怒骂的科学家们一开始没能预料到的。

　　1918年，中国科学社迁回中国，总部设在南京高等师范学校，也就

中国科学社社徽

中国科学社总办事处

是后来的南京大学。而科学社成立的次年，1915年1月，《科学》杂志创刊号在上海出版发行，成为其传播科学知识的重要途径。后来，中国科学社还出版过《科学画报》《科学季刊》《科学译丛》等杂志以及《科学丛书》等书籍，都成为近现代中国影响极为广泛的科学普及读物。

求真与致用

看《科学》杂志的封面会有一个感觉，就是你会恍然间不觉得这是一本近百年前的民国老杂志，倒像是现代的事物，除了繁体字提醒着你它所处的年代之外，醒目的英文Science（科学），横排从左到右排版的文字，红色和蓝色相间简洁又醒目的设计，都让这本杂志的封面带着十足的现代感。

英文和横排文字，似乎也简明扼要地说明了《科学》杂志的内容和创新之处所在。在杂志创刊号的发刊词里，清楚地声明，杂志"专以传播世界最新科学知识为帜志"，并致力于科学名词的引进与审定，"译述之事，定名为难。而在科学，新名尤多。名词不定，则科学无所依倚而立。"因为《科学》杂志认为科学不仅可以破除愚昧和迷信，促进物质进步和人自身健康和思想素质的改善，并且同民权、救国有密切联系。"世界强国，其民权国力之发展，必与其学术思想之进步为平等线"，"继兹以往，代兴与神州学术之林，而为芸芸众生所托命者，其唯科学乎，其唯科学乎！"这就是说，世界先进国家的发展都是伴随着科学进步的，所以中国的兴国之路，也必然绕不开科学发展。而《科学》的办刊方针则为"求真致用两方面当同时并重"。自然科学家对于世界的认识和观感，大多是基于可以证明和触摸的事实，所以在《科学》的经营上，也力图达到求真和坚持基本现实的原则，在此基础上探索科学的"致用"功能，探索怎样能将科学原理和发明化为生活中的进步。可以看到，《科学》杂志能够尽力保持克制，力图避免利用情感产生的煽动效果，这在思想和世界都混乱的时代是很难得的，也同杂志同人们皆为受过严格西方教育训练的科学家不无关联。

《科学》杂志的创新之处则在于，它是中国历史上第一本把汉字竖排的习惯改为横排的杂志，同时引进西式标点符号，这在中国文化史和出版史上都是一个创举。要知道中国几千年来的文书都是竖排从右向左书写，而世界通行的则是横排自左向右，保持传统文化和同世界接轨在这里产生了犹豫和矛盾，而中国科学社及《科学》杂志则率先预料到改变排版习惯的重要性，而今我们早就习惯于横排从左到右的文字，则可以想见当年《科学》杂志这一创新的石破天惊所在。而标点符号的引进则更具有文化意义。在传统中国人的文本里，起先是没有标点符号的，句读原本是读书人入门启蒙的学问，也是个把读书人和不识字的平民百姓区别开来的一门技术。后来的文书里渐渐有了停顿的标记，而成熟的西式标点符号的应用，则是直到《科学》杂志的诞生才开始慢慢普及。标点本身不光意味着不同长度的停顿，也带有情感象征和句间的关联逻辑，这都让《科学》上的文章更加具有可读性。降低抽象文字的理解难度，有意无意间试图打破句读之学的教养鸿沟，从而更具有普及科学的诚意。

杂志在内容安排上也涉及科学的多个面向：包括科学通论、各科知识、科学史与科学家、科教事业发展、科学新闻与知识小品等。《科学》杂志最初是中国科学社的同人们仿照美国科学促进会的《科学杂志》创办的。彼时的美国《科学杂志》创办于1894年，有科学新闻报道、综述、分析、书评等内容，而且都是最权威的科普资料。如今美国《科学杂志》依然存在，国人依然以"在Science上发表文章"为荣。而反观仿照《科学杂志》创办的中国《科学》杂志，虽在民国时代成为科普权威，却不能幸存于文化劫难，至今销声匿迹。

　　《科学》杂志早在1915年提出科学理念，强调科学的重要性，对国人的启蒙作用巨大。同年9月，陈独秀在《青年杂志》的创刊号中描述，"近代欧洲之所以优越他族者，科学之兴，其功不在人权说下，若舟车之有两轮焉"，即先进国家中科学和民权的紧密关联，以至其后1919年新文化运动一开始陈独秀扛起的民主与科学旗帜，很难说同《科学》杂志中科学价值的倡导没有关联。

　　而其时《科学》杂志的国际地位，则表现在杂志创刊当年，爱迪生就曾经致信主编赵元任，祝贺《科学》杂志的创刊。让大名鼎鼎的发明家和科学家亲自来函祝贺的中国杂志，恐怕也是中国科学和文化史上为数不多的了。

语言天才赵元任

　　赵元任当年也在康奈尔大学学习，主修数学，是发起成立中国科学社的几位同人之一，后来则成为《科学》杂志的主编。赵元任是天才作曲家和优秀翻译家，也通摄影。在康奈尔大学毕业后进入哈佛大学攻读哲学，辅修音乐，后来获得博士学位。而赵元任最为人所知的身份则是语言学家，被称为汉语言学之父。而对科学的了解、对语言的审美和艺术美的修养都让赵元任在《科学》杂志的编辑过程中如鱼得水，使得这本杂志不仅具有普及科学的社会意义，也同时是语言和文化上创举不断的重要期刊。

赵元任

　　赵元任回国后在清华大学国学院任教，教授现代方言学、中国音韵学和普通语言学，与王国维、梁启超和陈寅恪一起被称为"四大导师"，而且是其中最年轻的一位。他一生会讲33种汉语方言，还会说多门外语，他自己说："在应用文方面，英文、德文、法文没有问题。至于一般用法，则日本、古希腊、拉丁、俄罗斯等文字都不成问题。"

　　1920年写出《西方哲学史》的哲学家罗素来华访问，赵元任陪同做他的翻译。这件事后来在赵元任的自传中有一段十分有趣的描述："我和罗素一行经杭州、南京、长沙，然后北上北京。我利用这种机会演习我的方言。在杭州我以杭州方言翻译罗素的讲词，去湖南长沙途中，在江永轮上有湖南赞助人杨瑞六，我从他那里学了一点湖南方言。10月26日晚，我翻译了罗素的讲演，讲完后，一个学生走上前来问我：'你是哪县人？'我学湖南话还不到一个星期，他以为我是湖南人，说不好官话，实际上我能说官话，而说不好湖南话。"他出生于天津，小时候父母去世被送到苏州，学会了苏州话；后来由在福州住过多年的伯母照顾，又学会了福州话；15岁到南京读大学预科班学了南京话，跟着外教学会了英文，自己又修了拉丁文和德文。

可见其如同被上帝亲吻了的语言能力。人说他的耳朵是录音机，听过的语言就像被录下来一样，可以脱口重复出来，而且带着足够的当地口音。"二战"后有一次赵元任到法国参加会议，在巴黎车站，他对行李员讲巴黎土语，对方听了，以为他是土生土长的巴黎人，于是感叹："你回来了啊，现在可不如从前了，巴黎穷了。"后来又到德国柏林，用带柏林口音的德语和当地人聊天，邻居一位老人对他说："上帝保佑，你躲过了这场灾难，平平安安地回来了。"语言天才赵元任走到哪里都被认作老乡，这成了他一生的快乐源泉，用他自己的话说，自己研究语言学是因为"好玩儿"。

赵元任研究语言、模仿方言都是用科学的音韵研究方法，这得益于他早年攻读过数学和物理受到的逻辑思维训练，同时也让他具有了对科学和语言较好的审美观点。《科学》杂志"审定名词"的重要任务，就是赵元任为代表的委员会负责的，而《科学》杂志能始终保持内容的高品位，亲民的普及性语言，看来也不得不感谢主编赵元任了。

战争与和平

诚然，战争是有破坏力的。

抗日战争爆发后，《科学》杂志依然坚持出刊，条件艰苦到不得不用印刷效果极差的毛边纸出版，但每月一本的杂志，几乎从未间断，是近现代中国一群科学人心心念念的坚韧所在。

然而你若说等到和平就好了，那只能说明你"too young, too simple"，太过天真单纯了。

抗战结束了内战也结束了，学人们睁开眼睛看见自己和杂志以至思想赖以生存的世界全然变了模样。当年的世界虽然有国民党掣肘，但只要不是什么事关大体的政治问题，民间科学社团还是自由的；当年的世界虽然新闻出版界满是白色恐怖，但民主与科学的内涵依然是民主与科学。如今科学和学术体制化了，科学家也必须在研究中反映出"主义"了，民间社团的存在被虎视眈眈地酝酿着如何"处理"。

1949年之后，中国科学社就失去了其在科学界的权威地位，因为这个国家不能有太多权威。直到1959年，中国科学社被迫停止活动，无形之中解散。而《科学》杂志也因着类似的原因，于1951年停刊。战争不能阻止它停止传播科学的脚步，但和平可以。

其后《科学》杂志与《自然科学》合并，在随后的岁月里又经历数次停刊复刊。编委会和支持者已经不再是中国科学社的同人，而先后是全国科联、中国科协、中国科学院等部门。

良友：旧上海的时尚脉搏

【刊物档案】

创办时间：1926年　　　　　　停刊时间：1945年

出版地点：上海　　　　　　　创始人：伍联德

主要撰稿人：伍联德，周瘦鹃，梁得所等。

刊物特色：图文并茂的大型综合性画报。

刊物大事记：

1926年2月15日，杂志创刊；

1926年4月，杂志举行婴儿竞赛，影响力扩大；

1926年11月，出版《孙中山先生纪念特刊》；

1930年3月，改为影写凹版印刷，质量大为提高；

1938年1月，因抗战爆发迁往香港；

1939年2月，在上海复刊；

1941年9月，被日军查封；

1945年，因股东分歧而停刊；

1954年，伍联德在香港复刊；

1968年，停刊；

1984年，《良友》再次复刊。

《良友》的第一次

　　典型的《良友》封面上是妖娆多姿的上海名媛、炙手可热的影视明星，有时也会出现影响时事的政要，只凭这一点，《良友》就已然兼具十足的时尚感与动乱和平交杂的年代感。封面下方是《良友》的英文名"The Young Companion"，并以公元纪年，使得《良友》变身洋气的"国际范儿"，《良友》也确实颇具国际影响力。

《良友》创刊于1926年的上海，刚出生就一炮而红，创刊号初印的3000册在两三天内就抢购一空，加印2000册后依然供不应求，又加印2000册，创刊号一共销售7000册。这在当时来说算是十分出色的数字。

《良友》一炮打响自然有其道理。创刊人伍联德熟稔中西方美术，在创办杂志前先是担任美术教员，后来做商务印书馆的美术编辑。可以说，伍联德对美术与视觉的重要性心知肚明，也知晓图片对读者的冲击力所在。他在商务印书馆工作期间萌生了创办画报的念头，曾经草拟过许多计划给商务印书馆的经理王云五，但皆未被采纳，于是伍联德离开商务印书馆，自己白手起家。对图片力量的深刻认识，是《良友》以名媛、明星像为封面的原因，这开创了杂志报纸界"封面女郎"的先河。这些登上封面的时尚女性风情万种，用精致面庞和撩人时装诠释对美的追求，甚至出现身着泳衣的封面女郎，在民风保守、女性尚未解放的年代里，《良友》仅仅是封面就常常引发全国性的议论。而封面女郎们依然直视镜头，大胆坦然，身体力行地反对"扭扭捏捏"的女性偏见。

此外，《良友》作为画报，用大量图片配文字，图片成为视觉的主角，这让干枯的家国天下事变得十分生动而有趣，这一创举比著名的美国杂志《时代》周刊还早10年。以图说事，深入浅出，让高官教授、村野草民都十分喜爱。"《良友》一册在手，学者专家不觉得浅薄，村夫妇孺也不嫌其高深。"

伍联德还凭借对艺术的好品味，在《良友》中刊载中西方美术新作，介绍国内外艺术，以及时下流行的服饰妆容。杂志影响力之大，以至于全城效仿《良友》封面女郎的时装发型，"想知道当时什么最流行，翻翻《良友》的封面就知道了。"

　　《良友》开创了许多中国第一次，有些甚至是世界首创，所以其影响力并不局限在国内，人说当年凡是有华侨的地方就有《良友》的销路。杂志最火的20世纪30年代，总经理画了一张世界地图，标注出《良友》卖到的地方，结果一共标了七十多个国家，所以获得"良友遍天下"的盛誉。《良友》是当时"国内唯一能赚大量外汇的出版物"，国际影响力可见一斑。

旧上海的一天

　　要想重现或者形象体验民国时代老上海的时尚，《良友》杂志会给你满意的答案。登上《良友》封面的女性，都代表一段时期内人们的审美志趣。你可以看到在杂志早期：扁平的面庞，两弯柳叶吊梢眉，一双似喜非喜含情目就是美人，这尚是传统中国的古典审美观。随后的封面女郎们能直视读者，轻启朱唇皓齿，笑得大方开朗。

服饰之美，始于尚且传统保守的短袄和长裙，之后的裙摆和衣袖越来越短，甚至出现过运动服和泳衣，在引发争议的同时，解放着人们对女性之美的桎梏，让千百年来自我限制的中国人坦承对美的向往与欣赏。而最风行的莫过于旗袍，有袖无袖，高领低领，开衩与短款，用曲线描绘出女性的婀娜多姿，这些正是上海滩的民国标志。

那时的都市生活已经极富现代感。《良友》在第102期上曾用图片描述了一名上海中产阶级的一天：早起锻炼洗漱，然后享用可口的早餐并浏览晨报，戴上礼帽坐出租车去上班；在办公室里处理公务，简单的午餐，午休，下午继续公务；下班后去公园与朋友散步聊天，回家或在外面的饭店享受丰盛的晚餐，临睡一定阅读书籍。

在杂志上刊登的广告，亦能表现出那个年代的都市里，人们对生活品质的执着追求，对有质感的生活的享受。

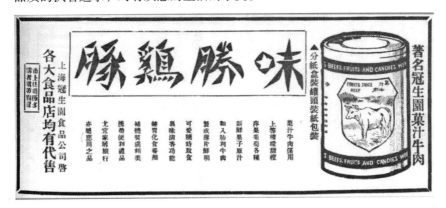

封面上的人物命运

《良友》画报的封面人物虽然都富于美和影响力，而当历史长河流过，反观这些人物命运，却又迥乎不同。《良友》正是他们最好的一次剪影。

　　杂志创刊号上的封面女郎：留着刘海，眼神澄澈，微笑的酒窝里满是单纯美好。她手捧鲜花，望向一边，如此撩人心弦，引人遐想无限。她就是日后红极一时的影星胡蝶。那时的胡蝶还只是个女学生，并未成为大明星。她就读于电影学校，是学校里众人追捧的校花。1925年她出演了两部电影，自此开始了表演事业。1926年杂志创刊时，伍联德邀请胡蝶拍摄封面，颇具互相提携的意味。

　　正是这本创刊号，不断脱销，创下7000册的业绩。之后，胡蝶接连拍摄《歌女红牡丹》《姊妹花》《空谷兰》等电影，成为一代"电影皇后"。胡蝶一共三次登上过《良友》的封面，是在杂志封面上露脸次数最多的明星。

　　20世纪30年代，同样炙手可热的明星还有阮玲玉，她在1934年登上《良友》封面。此时的阮玲玉已经凭借《野草闲花》一举成名，并拍摄了

《一剪梅》《玉堂春》《城市之夜》等，成为为人们关注和讨论的时尚议题。

封面上的阮玲玉身穿绿色斜纹旗袍，高领高开衩，身后是上海老洋房。她倚靠在墙上，双手藏在身后，歪着头，极具诱惑美感的曲线和眼神，使这一封面俨然成为风情万种的油画，展示出这个银幕新星最美的一个瞬间。

然而，同为美丽的封面女郎，阮玲玉的命运与胡蝶相去甚远。次年3月，身陷谣言重负、诬陷深渊的阮玲玉在家中服安眠药自杀，陨落的巨星这一刻仅仅25岁。鲁迅曾在《论人言可畏》一文中说："她的自杀，和新闻记者有关，也是真的。"

阮玲玉死后，国内外吊唁不计其数。出殡之日，有20万民众到现场，送葬队伍足有3公里。人已作古，无谓身后事，只有影像瞬间，定格了她的青春与时代风华。

1925年孙中山逝世，伍联德特别策划了"孙中山先生纪念特刊"。这期特刊用200幅照片回顾了国父孙中山的奋斗史，这在当时是独一无二的创举，读图形式颠覆着中国人传统的阅读习惯和视觉感官。因深受爱戴的国父影响力巨大，这份特刊一面市就被抢购一空，共售出数万册。民众为独特的回顾方式所吸引，纷纷欲通过这一本图传留念。而《良友》也凭借这次策划进一步打响在国内外的知名度。

这期特刊的封面上，两个对称的圣洁天使围绕在孙中山遗像左右，这是他的信仰所在，也是尊敬他开天辟地的丰功伟绩。下方杂志与特刊名称分别标注了对应的英文，显然这份杂志和特刊面对的不仅仅是国内，而是全球，也彰显出孙中山曾在海外献身过的革命事业，和国际华侨对他的尊敬。

一代国父对革命理想和未来世界的构建理念孜孜以求，深印在高官显贵、学者名流的脑海之中，留待各方精英继续未完成的国家大业。而对广大民众来说，对国父的丰功伟绩的尊崇，对伟人的怀念与感恩，存留在《良友》这一期特刊的每一个影像之中，成为那个年代人们心目中生动而永不远去的历史。

《良友》封面上的男人们

《良友》自创刊到停刊共172幅封面，其中161张是女性，仅有11张男性影像。能登上杂志封面的男性，非得具有重大影响力不可。

1937年抗战爆发后，首先成为《良友》封面人物的就是蒋介石，时任军委会委员长。封面中他列位军官之首，面庞瘦削，左手撑腰，右手按住作战指挥地图，动作与神情之间满是对战争的信心。

　　紧随其后的下一期《良友》封面是副委员长冯玉祥，一副北方地头老农扮相，北方式的豪爽与力量进入上海滩的小资刊物，别有一番民国风范。

冯玉祥

朱德

　　朱德也曾出现在1938年的《良友》封面上。当时朱德任八路军总司令，率领八路军赶赴华北前线，协同国军取得了平型关战役的胜利。那时的朱德尚值壮年，颧骨突出，身穿八路军军装，是八路军代表性的朴实形象。成为封面人物的朱德似乎想说明，国共两方在抗日事业之中，不分彼此。

李宗仁

　　随后，国军在台儿庄之战中血战到底最终获得胜利，此次战役指挥官、第五战区司令李宗仁也立刻登上《良友》封面，成为当时的明星和国家英雄。照片上的李宗仁双眉间尚有深思愁云，亦不乏笃定和坚韧；阳光照在他身上，冥冥之中给读者以信心，胜利和阳光终究会来。

《良友》封面人物的男性形象，多出现在抗日战争爆发之后，以政要军官为主。即便如此，《良友》依然不改其海派的时尚本性，用充满信心和宽容的姿态面对肆虐的战火。在这样一个时代里，任何杂志都为时间和历史所主宰，能够自己主宰的莫过于记录下奋力扭转历史的人与事，以及他们某一瞬间的形象。

物是人非

《良友》在抗战爆发后被迫迁徙至香港，随后于1939年在上海复刊，至1945年最终因战火和董事会的内部争端而停刊。

20世纪50年代，伍联德于香港复刊《良友》。时代剧变之后重生的杂志不再以时事为主，而侧重于展示中国山水，文物书画。杂志策划编辑的一本精美巨型画册《锦绣中国》广销各地，先后重印了8次。刚刚有了起色的《良友》于1968年再次停刊。

20世纪80年代改革开放之后《良友》再次在香港复刊，至21世纪初寿终正寝。最后一次停刊，据杂志负责人所述，香港社会以商业气息为主，人们热衷于八卦和马经，以传播文化与艺术为己任的《良友》杂志再也无法迎合这样的氛围。

几度复刊的《良友》自然在于它强大的生命力，然而无论如何剪裁自己以适合时代的身量，《良友》已然不再是繁荣于旧上海街头巷尾、茶余饭后的时尚杂志，就此而言，因为时序而停刊的杂志就停留于此，之后的重生，永远都是衣冠还在，已非本心。

玲珑：娇小玲珑的大女性

【刊物档案】

创办时间：1931年　　　　停刊时间：1937年

出版地点：上海　　　　　创始人：林泽苍

主要撰稿人：陈珍铃等。

刊物特色：中国第一本全方位的女性杂志。

刊物大事记：

1931年3月18日，在上海创刊；

1932年，停刊数期；

1933年，改名《玲珑妇女图画杂志》；

1936年，改名《玲珑妇女杂志》；

1937年，由于抗日战争停刊；

1939年，以《电声》杂志每月特辑方式复刊；

1940年7月，最终停刊。

明星盛会

　　20世纪30年代风靡上海的《玲珑》杂志最初名为《玲珑图画杂志》，1931年创刊于上海，1936年改名为《玲珑妇女杂志》。杂志出版的开本是64开，十分小巧，所以取名《玲珑》。在上海报刊亭的大报大刊中间，这样的娇小杂志不但没有被埋没，反而成为上海名媛和女学生之中风行数年的时尚标志，正如创刊号上的"编辑者言"中所述："玲珑出世，总算是我们的一件小事业告成，可是我们这本刊物的格式虽小，倒是五脏俱全，而且撰稿者诸君尽是专门名家，一字一行咸属此中人语，决无一句半句外行之谈，担保读者诸君捧读之余，一定小有其趣，小得其意，觉得我们这个名家的大集会，并不亚于上面的明星大集会。"当然，杂志的风行，部分要归功于杂志封面。

　　典型的《玲珑》杂志封面上都是摩登而具有明星范儿的女郎。其中有一些是当时国内外著名的明星，有爵士时代的好莱坞女星克拉拉·鲍，兼具优雅和神秘气质的奥斯卡影星葛丽泰·嘉宝，当然还有国内炙手可热的女星胡蝶、周璇。另外一些封面女郎，则不是明星，而是街头巷尾就可以遇到的普通上海女性，但对于《玲珑》的杂志封面来说，通过服饰和化妆的修饰，每个人都可以具有大牌明星的气质。

　　这似乎也正是《玲珑》杂志所强调的理念。服装、美容、化妆，《玲珑》杂志在为追求时尚的女性提供借鉴和参照的同时，也在宣告着现代新女性的原则：明星并非遥不可及，每个女人的心魂深处，都印刻着一个独特的明星，都有着全世界独一无二的美丽。

　　《玲珑》创刊号上的封面美女就并非影视明星。画面上一个身穿蓬裙、戴珍珠项链、一头卷发、红唇之上双眼深邃冷眼的美人，正是当时上海滩"邮票大王"周今觉的女儿周淑蘅。周今觉祖上是清代两广总督，他自己是集邮家，也是中国最早的国际邮展评审员。所以玲珑女郎周淑蘅相对于性感魅惑的明星来说，更多一分端庄内敛，是传统大家闺秀也是贵气新潮的上海名媛。

其他封面上的女性形象甚至不一定浓妆艳抹或身穿盛装，就算是普通的生活照，也一样可以在《玲珑》的封面上，展示出或清纯或淑女或开朗的女性气质。

欧美明星、名媛、普通人，都是《玲珑》美轮美奂封面的利器，吸引着旧上海读者挑剔的目光。同时期的《良友》十分讲究从不刊登国外明星和明星八卦，而《玲珑》则经常介绍金发碧眼白皮肤的外国美女，并刊登电影资讯和明星私生活新闻，曾介绍男星如当红的好莱坞帅哥詹姆斯·贾克内。甚至杂志还曾刊登广告，售卖明星照片，定价在当时相当于一碗阳春

面的价格，引得追星族们争相购买。明星、时尚、八卦让爱美、爱时尚的
上海滩十分开眼界，《玲珑》风行的年代里，人们争相买来杂志，读过后
剪下杂志封面或者内页所附的明星照片，收藏在剪报夹里，明天理发剪个
明星头，后天买衣服就买画上的迷你裙。每个人都有的明星梦，是对美的
热爱，亦是对更好生活的无限希冀。

　　《玲珑》由此获得的影响力和流行程度，用张爱玲的话说，就是
"一九三零年间的女学生人手一册《玲珑》杂志"。可以领略其魅力，再
袖珍、再玲珑，仍然不会被埋没在书报摊之中，算是一种别样奇迹。

不嫁主义

　　《玲珑》杂志的创刊号上有一篇极为劲爆的文章，由一位女作家所
写的《不嫁主义》，文章中说男人只会"流鳄鱼的眼泪"，"若无良木而
择之，可以不择"。这在当时的中国而言可谓是石破天惊，就算放到今
天，也并非所有人都有勇气如此宣告世界。

　　那时的上海流行讲"女子是第十一等人"。因为《左传》中有言：
"天有十日，人有十等。下所以事上，上所以共神也。故王臣公，公臣大
夫，大夫士臣，士臣皂，皂臣舆，舆与隶，隶臣僚，僚臣仆，仆臣台。"
鲁迅说，这最后的"台"，尚且有妻子可臣，而做妻子的女人之后，则不
再有地位更卑贱的人，至多是做王亲贵族的妻子或是普通人家里的婆婆，
可以偶尔奴役一下年轻的普通女子。这一句"女子是第十一等人"一语道
破了数千年来都未曾改变的男尊女卑局面，即便是到了被迫开放、受西方
平等先进思想冲击的民国时代，在全中国最繁华的上海滩，女人的地位依
然如此卑贱。她们不需要受教育，也没有多少机会受教育，她们梳妆打扮

是"女为悦己者容"，讨男人欢心，女人在男人眼中只是他们财产的一部分，是个花瓶，是个传宗接代的生育机器。

在这种背景下，《玲珑》杂志破天荒地站在女性主义立场，认为女性应该通过自身努力接受高等教育，而且家庭主妇并非是女人一生的唯一职业。对于婚姻来说，旧式家庭里女子未能婚嫁，此生就如毁掉一般；即使嫁掉，夫君并不是自己所喜，或者并不称职，也就毫无幸福可言。所以所谓"不嫁主义"就是在强调，婚姻固然是终身大事，但倘若不是如意郎君，不嫁也罢，独立生活未尝不会幸福。

从这一点来说，《玲珑》是中国较早倡导女性独立人格的杂志之一，这对于男女平等观念的普及来说是标志性的开端且具有深远影响。另外，《玲珑》杂志还经常刊登恋爱秘籍和"驭夫术"，教女性自主精神和为自己谋求幸福的意识。例如一篇极为吸引眼球的文章《怎样玩玩男子》，文中写道："姊妹们，我们常常可以听见女子是男子的玩物这一句话，这是多么侮辱我们啊！现在我们须要把这句话打倒，我们要把男子做女子的玩物。现在我却有几条玩弄男子的方法写在下面以供姊妹们的参考。（一）要High Hat，即自视高贵，使一般男子们很甘心地崇拜着你，愿做你的情奴。（二）架子须摆得十足，他愈迁就你，你的架子愈要大，甚至要使他迁就不上你。（三）他若感到失望厌心时，你就要略施青睐，和他若即若离，并且欲擒故纵使他摸不着你的真意，茫然不知所措。（四）想看看他们的性情，只要和第三者或其余的，故意做得亲热样子，那么你可以看出他们的神态的种种表现，着实有趣。（五）在热（情的热）的时候，须故意的热至百度以外，在冷的时候，降至零度以下。在这样波浪式的差量，可以使男子们的情感上知觉上，受特殊的变动，和重大的刺激的种种表现。以上几点不过是作者的平日经验所得。姊妹们如果你们想看看男子们的真面目，大可以照上面几条做做，一定有许多笑料的。"

这篇文章短小但十分有意思，是《玲珑》杂志女权主义的代表作品之一。男人们的世界战火纷飞，满口仁义道德家国天下，转身花街柳巷玩弄的还是本质善良单纯的女人。《玲珑》杂志就是要戳破这样的伪道德，让女人挺直腰身，不要再成为男人的爱情与情爱的奴隶。

但《玲珑》并不是教女性滥交或者玩弄男性，而是从女性为主体的视角来解读"摩登"。杂志介绍穿衣打扮的最新时尚，并不是为女性用以取悦男人，而是教导女性，美丽的存在本身就是对自身生命的尊重，是女性生命的高贵和魅力所在。与此同时，真正的现代新女性要内外兼修，只会打扮得花枝招展，而缺乏内涵，则算不上摩登女性。交际名媛胡玉兰在《玲珑》上发表过文章《真正摩登女子》，描述了《玲珑》现代新女性的标准：女子打扮时髦、会讲洋话、会跳交际舞并不算得真正摩登，一个女子要真正可以配称摩登，至少须有下列的条件：

1. 有相当学问（不一定要进过大学，但至少有中学程度，对于各种学科有相当的了解）。

2.在交际场中，能酬对，态度大方，而不讨人厌。

3.稍懂一点舞蹈。

4.能管理家政：甲、会怎样管仆人。乙、自己会烹饪。丙、能缝纫（简单的工作，不须假手他人）。

另外在《这时代需要哪一种女性》一文中也描述了对于《玲珑》新女性的另一种标准：有能力、有思想、能够劳动。在这样的标准下的新女性"拥有强健的体魄、新颖的思想，不作'性'的依赖，劳动的生活，注意集体生活，结婚不要妨碍前程"。上得了厅堂，下得了厨房，这样标准下的新女性，在本质上诚然就是可以独立生活，同时又保持作为女性的优雅美丽。

同性爱与情

《玲珑》杂志的读者来信栏目里，探讨的是女性恋爱与婚姻的困扰和问题，其中就出现了同性爱情。男性同性恋在史书之中有悠久的记载，而对女性同性恋问题的讨论从五四运动之后兴起，女性杂志和报纸新闻都对女同性恋有所介绍。

《玲珑》曾经公开发表一封署名"宝玉"的女读者来信，倾诉她在异性婚姻中十分幸福，但她同女性朋友的感情日益增加，"且定终身生死之交，约期二年实行同居之结合"，感到"同性结合比异性的坚固而伟大"。

也有女性读者在《玲珑》上描述同性情爱的幸福："我俩初相识，

感情上十分浓厚，初期是朋友，第二期成知己，第三期进到同性恋。我与素云本来不是同寝室的，因为我俩达到第三期后，要求训育主任给我俩同住。从那时起，不但同房而且同床同枕。呵！这样的甜蜜亲爱，谁能比得上呢，所以我俩发誓：永不同异性结婚，我俩做夫妻罢！"

一份公开发行并且影响力广泛的杂志，能够做到刊登这些描述大胆直白的读者来信，实属不易。然而《玲珑》杂志同当时的社会舆论一样，认为女同性恋是反传统的情爱关系，批评这样的恋爱是"变态"。虽然《玲珑》的编者团队以女性为主，了解社会中尤其是学校里的同性爱现象，但她们坚持认为女同性恋对社会十分有害。因为女女结合会让中国面临断子绝孙的危险境地，国家无人防御和建设，并且女同性爱很可能有损健康。

由此可见，虽然民国社会距离同性恋获得平等地位还有相当远的距离，但对女同性恋问题进行公开探讨，本身就已经是社会的开放和进步了。

谢幕时代

《玲珑》杂志依托于上海，受1932年的淞沪会战影响停刊数期，之后一直出版到1937年抗日战争爆发，受不断蔓延的战火影响，《玲珑》最终停刊。1939年起，《玲珑》依托《电声》杂志，以每月特辑的方式复刊，复刊后与《家庭良友》合并为《玲珑·家庭良友》。

《玲珑》坚持复刊，是因为杂志强调："《玲珑》向来的态度，是拥护女界立意与讨论妇女问题的，所以在今日之下，它的毅然出版以解决妇女痛苦与指导妇女生活，却是它应负的责任而且也是为全国孤弱无告的姊妹们所且需的。在侵略者猛烈的炮火之下，兵燹之余，国土已经是破碎不全，而人民亦以疮痍满地了。在这个非常时期，果无所谓家庭，无所谓求得美满的生活。但有一件事可以必定的，就是社会的黑暗面加深。所以，本刊的复刊，实是刻不容缓。"

　　然而《玲珑》杂志虽然志存高远，始终坚持它"增进妇女优美生活，提倡社会高尚娱乐"的宗旨，但在动荡的环境之中，艰难喘息，几经复刊、合并、单独出版，直到1940年7月之后，历史再看不见《玲珑》虽然娇小，但傲然挺立的身影。

论语：大肚能容，笑口常开

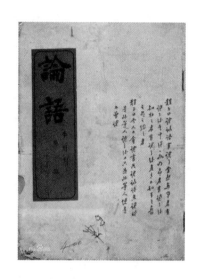

【刊物档案】

创办时间：1932年　　　　　　停刊时间：1949年

出版地点：上海　　　　　　　创始人：邵洵美、章克标、林语堂

主要撰稿人：林语堂、陶亢德、郁达夫、邵洵美、林达祖、李青崖、明耀五等。

刊物特色：中国现代文学史上经年最久的刊物，以无所为的幽默小品文为主。

刊物大事记：

1932年9月16日，在上海创刊；

1933年3月1日，推出《论语》专号，介绍萧伯纳；

1937年8月1日，因抗日战争爆发停刊；

1946年12月1日，复刊，由邵洵美主编；

1949年5月，停刊。

有论有语

乍一看杂志《论语》的封面，容易误以为是儒家经典孔子所述的《论语》，同样带一派古朴的传统味道。这大概也是《论语》杂志取这样一个人人皆知的名字的原因。

杂志《论语》创刊于1932年9月，民国二十一年，日军侵华的战火烧红了中国的半边天空，就如这盛夏之末一般，暑气攻心，让人不安。

这一日傍晚，喧嚣的上海滩刚刚卸下一整天烈日严酷，热气还氤氲在车夫的汗水中、沿街小贩的叫卖中、匆匆下班回家抑或是赶去欢场的行人脚下以及邵洵美家中的客厅里。茶香扑面，新月派诗人邵洵美今日的座上客，是作家章克标和语言学家林语堂。

彼时三人都风华正茂，风流倜傥。诗人邵洵美极富贵族气质，眉清目秀，额头宽阔，他不那么"有社会良知"，笔下风月唯美，国难山河都同他的世界无关。章克标则是日本系留学生，20岁官费赴日留学，进入京都帝国大学攻读数学。之后向文坛发展，其时他已经是全国最大、最有影响力的报刊之一《申报》的"自由谈"专栏主要撰稿人，是20世纪30年代杂文界的风云人物之一。而林语堂则刚从德国获得语言学博士学位，受聘于北京大学出任教授，之后在厦门大学担任文学院长，又立刻成为国民政府的外交部秘书，说一口漂亮的英文，亦不缺古典中文的造诣。

邵洵美为人慷慨，有"小孟尝"的美称。这一天章克标与林语堂在邵洵美家纳凉，闲谈国内外奇闻趣事文坛动向。说起来大家觉得不如一起做一本杂志来消闲消闲，不讨论天下安危、政治政客，单论闲适生活。三人都表示很乐意，于是探讨这本新杂志的名号，众人认为这名字是摆在台面上，叫在人们口中的事，所以一定要雅俗共赏，能吸引眼球，能在当时

林语堂

邵洵美

风行的林林总总的报纸杂志之中脱颖而出、出奇制胜。三人想了许多都没能满意，章克标望见林语堂，忽然想到林语堂的名字中"林语"两字，音近"论语"，《论语》这本儒家典籍人尽皆知，而字面上"论语"意思是有论有语，是闲谈小品、议论杂文的最好概括。所以章克标脱口而出建议用"论语"二字为杂志命名，大家一致表示赞同。杂志《论语》就此诞生。

昫兮杳杳，孔静幽默

《论语》诞生伊始，就强调"幽默闲适""性灵嬉笑"，笑口常开，笑天下可笑之人，致力于用幽默来讽刺黑暗现实，注意保持同政治的距离。

在《论语》创刊号上林语堂谈创办《论语》的缘起："论语社同人，鉴于世道日微，人心目危，发了悲天悯人之念，办一刊物，聊抒愚见，以贡献于社会国家。"这一段开场白尚且规规矩矩，之后就开始幽人一默了："无奈泰半，少不更事，手腕未灵，托友求事，总是羞答答难于出口；效忠党国，又嫌同志太多；入和尚院，听说僧多粥少；进尼姑庵，又恐尘缘未了。"这更像是林语堂为杂志奠定下的幽默风格，倒是在创刊号的"编辑后记"，才诠释了《论语》刊名的内涵："我们同人时常聚首谈论，论到国家大事，男女私情，又好品论人物，又好评论新著，这是我们'论'字的来源；至于语字，就是说话的意思，指我们的谈天，归入论字的话题以外，我们还有不少的谈话，这是'语'字的来源。此二字拼凑便成了《论语》。而格式内容也和孔夫子《论语》差不多，因为也是甲一句，乙一句，东一句，西一句，拉拉杂杂一大堆大道理。所以如果有人责备我们假冒了孔家店的招牌，我们也不敢极口呼冤，而且是可以发出一种会心的微笑的。"

说起来"幽默"一词，是英文"humor"的音译，而又精准地传达了意义。"幽默"这词并非凭空而造，最早出现在屈原的《楚辞·九章·怀沙》，"眴兮杳杳，孔静幽默"，眼前一片苍茫，四周寂静无声。而将英文"humor"准确翻译为"幽默"的正是林语堂，1924年5月，林语堂在《晨报》副刊上发表《征译散文并提倡"幽默"》，在文中诠释了"幽默"的内涵。

你可以说林语堂爱玩笑爱幽默是童心未泯，而他与《论语》在小品文中多不问政治不问江山，主张"以自我为中心，以闲适为笔调"的自由主义，实际上也是"humor"同"幽默"之间的关系。幽默是玩笑，是讽刺，也是一种闲适和疏离，用闲云野鹤的局外人视角审视这个世界，未尝不是大肚能容，容天下难容之事。

这样一种全新的处世态度也颇具一鸣惊人的影响力，创刊号就加印了数次，随后每一期发行量能达到3万册以上。1933年2月，杂志创刊后的第二年，来自爱尔兰的喜剧作家萧伯纳到访上海，大师来访，各界皆有广泛关注。林语堂与宋庆龄、鲁迅等人宴请款待，席上林语堂用英文侃侃而谈，他自己又十分熟悉英式幽默，所以同喜剧大师的交流也十分喜剧。于是林语堂趁热打铁，于3月推出《论语》特刊，专门介绍萧伯纳，由此引发新一轮的"幽默热"，以至于当年被称为上海文坛的"幽默年"。

左起：史沫特莱、萧伯纳、宋庆龄、蔡元培、伊罗生、林语堂、鲁迅

除了这个萧伯纳专号，《论语》还别出心裁地出了许多专号，第125期是"癖好专号"，第132期是"吃的专号"，第141期"病的专号"，还有"美术批评专号"、"西洋幽默专号"、"鬼故事专号"、"家的专号"、"灯的专号"、"睡的专号"、"逃难专号"。邵洵美还设想做一期"懒的专号"，可惜后来杂志停刊了，最终没有"懒"成。

社稷与戒烟

林语堂同《论语》同人约定了杂志戒律，"不拿别人的钱，不说他人的话"，"不附庸权贵"，"反对肉麻主义"。杂志创办之初，投稿的人来自各派各系，不分彼此，有鲁迅、郭沫若、茅盾、宋庆龄等左翼人士，也有自由派如胡适、蔡元培等，很有包容各方、走中间路线的模样。

然而林语堂不问政治，只爱谈生活与幽默的行文态度，自然也被以鲁迅为代表的左翼文坛所看不过。鲁迅与林语堂的嫌隙，就从"幽默"之争开始，直到后来这对文友越来越疏离。

一次林语堂在《论语》上发表《我的戒烟》，说他太太逼他戒烟，戒了许多次都不成功，干脆放任自流了。鲁迅见文后就公开批评林语堂，说他写文章净说些细枝末节的生活琐事，今日中国不适合，言外之意是指责他毫无社会责任感，毫不关心社会革命。鲁迅始终并不赞赏盛行一时的"幽默文学"，认为"现在又实在是难以幽默的时刻"，"榆关失守，热河吃紧"，国难当头的时候，"我不爱'幽默'"。

　　之后一次几个文坛老友聚在一起吃饭，饭后大家不约而同抽起烟来，林语堂也忍不住拿出烟来抽，他忽然想起他的"戒烟琐事"，便兴致勃勃地问鲁迅："周先生每天抽几支烟？"鲁迅回答道："大概很多吧，我没有统计过。"

　　鲁迅见林语堂一脸兴奋，忽然想起他的《论语》来，接着反问他："你是不是在给《论语》找材料？"林语堂虽然爱说话，伶牙俐齿，但在人际关系处理上并不能自如应对，这一刻他没能察觉出鲁迅语气的变化，于是顺势回答鲁迅："我要广播一下！"

　　鲁迅一听，十分不客气地说："这其实很无聊，每月要挤出两本幽默来，本身便是件不幽默的事，刊物又哪里办得好！"林语堂听完，十分尴尬气愤，因为他很以《论语》为荣，这番话头也只是茶余饭后的消遣，却当着众人的面被鲁迅这样批评，他气得连辩驳都忘记了。

同鲁迅的争执并不能影响林语堂的文风和生活态度，主张"宇宙之大，苍蝇之微，皆可取材"，自称"性灵派"和"语录体"继承人的林语堂，通过《论语》杂志扩大闲适小品文的影响力，自成"论语派"。虽然受到左翼文学的攻击，但不可否认他们对文学的贡献与影响，也是战火纷飞的年代里，另一种看待时事的视角。

单飞的主编

1934年，林语堂自己创办《人间世》和《宇宙风》两本杂志，不再主导《论语》的编辑工作。这大部分要归因于林语堂和章克标在杂志经营上的嫌隙。

最开始《论语》杂志由章克标主编，到了第十期由林语堂接手。在此之前杂志销量慢慢攀升，林语堂任编辑之后又在《论语》的内容与推广上花费了许多心血，杂志便很快成为文坛明星，"幽默"一词也深入人心，成为人人效仿的新风尚。

而在杂志创办开始，几位文友和撰稿人都把《论语》当作发表观点的平台，认为只要文章能公之于众，对读者产生一定的影响便好，并没有谈及编辑费和稿费之类。如今杂志销路打开，林语堂便提出，杂志经营有了收入，编辑和作家就不该再无薪酬，所以建议定下编辑费用和稿费。负责运营工作的经理章克标于是答应给编辑部每月100元。林语堂在报酬问题上直言不讳，很具有西式教育的自由主义风范，然而在中国文人传统看来，在文学上谈钱是十分世俗市侩的事，这种印象多少印在了同僚章克标的头脑里。

不久之后《论语》的销量翻了一倍，这时候林语堂又找到经理，认为既然收入翻番，那么编辑酬劳也应当涨到200元。章克标听闻十分恼火，背后向邵洵美抱怨林语堂"是个门槛精！"章克标拒不答应林语堂提高薪水的要求，态度十分强硬，最终与林语堂不欢而散。

这样的冲突本质上就是老板和雇员之间两种相反的力量。做老板的人需要倚仗雇员的才能，做雇员的人需要大树乘凉。身为雇员，觉得一份杂志就像是他的亲生儿子，眼看着一点一点长大成材，却得不到他人的眷顾，自己辛苦半晌，只是为他人做嫁衣，所以难免想单飞成为老板。

离开《论语》之后，林语堂创办的《人间世》同《论语》宗旨相近，延续着阐释幽默心境的风格。

其后的《论语》在抗战期间停刊数年，1946年12月由邵洵美复刊。这时候的贵族才子邵洵美已经千金散尽、经济拮据，杂志常常负债经营，但他仍然咬牙坚持。1949年初，国民党败局已定之时，邵洵美在《论语》上发表《逃亦有道(复友人书)》，讥讽裹挟细软仓皇逃跑的达官贵人。因为这篇文章，邵洵美受到当局警告。之后，《论语》发表的文章更加敏感尖锐，邵洵美担心受到当局压制，发动全家人动手撕去有尖锐文章的几页，却最终还是未能逃脱被勒令停刊的命运，这时是1949年5月。

政治剧变之后邵洵美留在大陆，在"文革"期间家中珍藏的古董被尽数抄走，他本人也在1968年驾鹤西去。林语堂先赴美国，随后定居台湾，最终逝世于香港。而章克标则是三人中最长寿的，其后一直笔耕不辍，2005年加入中国作家协会，于2007年逝世。

旅行杂志：纸上的好风光

【刊物档案】

创办时间：1927年　　　　　　停刊时间：1954年

出版地点：上海　　　　　　　创始人：陈光甫

主要撰稿人：张恨水，赵君豪，胡适，郁达夫，秦瘦鸥等。

刊物特色：中国最早的优秀旅游杂志。

刊物大事记：

1927年，杂志创刊；

1929年，改为月刊，月初出版，出版《春游专号》；

1936年1月，出版《十周年纪念特大号》，是为第十卷第一期；

1937年，因抗战迁至桂林；

1944年7月，迁往重庆；

1945年，迁回上海复刊；

1952年，迁至北京；

1955年，更名《旅行家》出版。

车轮上的上海生活

　　《旅行杂志》的封面通常是大好河山风景图，或是婉约的美人留影的瞬间，背后是崇山峻岭茂林修竹，"望图生义"即可知晓杂志内容是有关旅行。同有摩登时尚封面女郎的《良友》不同，也显然与高谈阔论、忧心世界的政论杂志迥乎有异。《旅行杂志》提倡的是一种生活方式和态度，行万里路从无字句处读书，尽时光所能享受生活。

　　这也正是《旅行杂志》的创办背景所在。20世纪二三十年代的民国，开放的上海，日渐形成的是中产阶层，他们受过良好教育，生活较为优裕，对世界宽容而好奇，而又追求有质感的闲暇时光。早间新报刊，咖啡下午茶，假日运动场，这些日日新的事物让上海的"白领"们体味着小资生活的滋味。与此同时，铁路修起来了，机场建起来了，爱享乐的城市新贵发觉，这时候的媒体和社会团体，正提倡走出家门行天下的旅游生活。旅行对人们显然是个新鲜事，千百年来被土地束缚在咫尺之间，行路本身更多被认为是件苦差事。旅行风潮的兴起，让人们忽然意识到外部的世界如此具有魅力和吸引力，未知和新奇勾引着老上海咖啡馆里，午后闲谈着的淑女绅士们。

陈光甫

　　《旅行杂志》创办的这一年正是1927年，创办人是陈光甫。这个陈光甫不是一个简单人物，来头不小。他是著名的银行家和企业家，对上海金融业的影响力，大体可以用"跺跺脚就会地震"来形容。他早年在美国宾夕法尼亚大学攻读商业，回国之后在上海成立了上海商业储蓄银行，这可是中国历史上最初成立的几家私立银行之一。这家银行于1915年开张，在陈光甫的经营下，三十年内在全国开设了八十多个分行，其经营头脑可见一斑。这也赋予陈光甫对经济乃至政治的巨大影响力，他同蒋介石常有来往，因为蒋委员长希望能拉拢上海金融界，得到财主们的支持以夺取政治和军事胜利。虽然如此，陈光甫并不太热衷于政治，对送上门的财政部门、政治委员等高官要职，大多推脱谢绝。后来国共内战时期，国民党和共产党都试图争夺陈光甫的支持，但他婉拒了后者，选择迁至香港，后来定居台湾。

从陈光甫的生平简史就可看出，他对经济脉络和商业气息有极为敏感的把握，使得他在变幻莫测的金融业左右逢源，呼风唤雨。也正是凭借这种知觉，陈光甫意识到方兴未艾的旅游业是一个未来很有发展潜力的行业，也是随着思想和视野的开放逐步会成为民众生活方式的行业。然而在当时的旅游行业，旅游业务大多为洋人所垄断，漫天要价、傲慢无礼、轻视中国人。于是陈光甫就下决心，于1927年创立中国旅行社，坚持以"发扬国光，服务行旅"为宗旨。这也是中国第一家正规旅行社。按照国际惯例，一个国家近代旅游业诞生的主要标志就是出现商业旅行社。陈光甫建立中国旅行社，便标志着中国近代旅游业的开端。

中国旅行社成立的同时，《旅行杂志》创刊，这本每季度出版的精美杂志，由中国旅行社发行，但杂志的影响，已经远不局限于旅行社自己的服务和业务了。在历史上，《旅行杂志》成为中国最早的优秀旅游期刊。

精美与完美

1929年起，《旅行杂志》从季刊改为月刊。从诞生开始，《旅行杂志》就是走中产阶级精英的贵族路线，而非当时风行的平民化亲民道路，不苛求覆盖率和读者人数。陈光甫为杂志立下的办刊理念和理想，就是"成为国内唯一完美杂志"。

虽说这世上本不存在完美的事物，但一份杂志追求完美，自然要在方方面面都力求最好。杂志请来的主编是曾担任大报《申报》编辑的赵君豪，他著有《中国近代之报业》，是极具研究价值的中国新闻史专著，可见他在报刊出版与写作编辑上的深厚功底。美术编辑阵容更为强大，都是当时知名的画家，如张振宇、黄文农、丁悚、叶浅予等，还有两位编辑专门负责摄影。

杂志的封面多刊登风景，曾经出现嘉兴三塔、北平颐和园玉带桥等风景名胜，使得封面本身就具有很高的艺术价值。内页的配图全部为铜版

印制，十分清晰，在当时没有几本杂志可以做到如此"奢侈"。这种"奢侈"也反映在杂志的定价上，1930年一本《旅行杂志》定价3角，同时期商务印书馆出版的《小说月报》每本2角，而三联书店的《生活》周刊标价只有3分5厘。可见其高端定位，非有一定地位和资金的中上层阶级消费不起。

在文字内容上《旅行杂志》也变化多样，国内外游记、旅行漫谈、交通时刻表，还有小说。因为每期都会刊登铁路建设、沿线风光、火车时刻表和客运常识，杂志也被誉为"铁路旅途之伴侣"。无论是"江南胜迹"、"华北烟云"，还是"海外风光"，《旅行杂志》刊登的文稿有一个突出特征，就是其作者都是新闻界、小说界以至政界里享誉当时的人物。就拿第九卷第一号来说，这一期刊物有20篇文稿，包括蜚声于新闻界的记者郭步陶所写的《民众诗人洪玉亭之回忆》，小说家郁达夫的《青岛济南北平北戴河的巡游》，外交部国际司政要钱王倬的《洛阳之行》，以及鸳鸯蝴蝶派的代表人物小说家张恨水与秦瘦鸥的《滕王阁渺不可寻》和《三次最痛快的杭州之游》。可见其作者群，要么是名震文坛的文学家，要么是地位显赫司掌一方而又写得一手好文章的社会要员。

美文配美图，幕后看不见的编辑之手相当专业，连读者都是有品位有地位的中上层阶级，《旅行杂志》对完美的追求的确十分执着。

"台柱子"张恨水

《旅行杂志》的"台柱子"作者是擅长章回浪漫爱情小说的张恨水。他时常在杂志上连载与旅行有关的小说与散文。

《旅行杂志》在1931年至1932年间转载张恨水的长篇小说《黄金时代》，连载时改名为《似水流年》。这部小说里，张恨水描写了名叫黄惜时的青年学生，在赶赴北平上学的火车上同女青年白行素一见钟情，成为男女朋友。但黄惜时到北平之后认识了妖娆多姿的交际

张恨水

花米锦华，于是抛弃女友白行素与米锦华同居。为了讨女友欢心，他无度挥霍父亲的财产，父亲亲自到北平向孽子追讨他的半生积蓄，然而黄惜时假装不认识父亲，却被米锦华看穿，顿时觉得黄惜时无情无义，毅然离他而去。人财两空的黄惜时流落街头，穷困潦倒之中懊悔不已，幡然醒悟，从此立誓成了徒步旅行家。可窥见《旅行杂志》里，更多的是对旅行与人生、生活的反思求索。

1934年，杂志主编赵君豪邀请张恨水撰写有关西北的游记。张恨水

为这个专题撰写的长篇游记有33篇，数万字篇幅，从1934年一直连载到1935年。张恨水在这篇《西游小记》的前言中写道，"予作陕甘之游，意在调查西北民生疾苦，写入稗官。至于风景名胜，旅程起居，则非稗官所能尽收，乃另为一记游之文，投之本志。"张恨水见多识广，熟悉人文历史，透过这篇游记，国人得以了解西北的自然风光、历史民俗和风土人情。在民国时代，相对开放较早的东部来说，西部地区似乎就意味着"荒野"、"落后"与"蛮夷之地"，从这方面来说，张恨水在《旅行杂志》上发表的《西游小记》在当时堪称前所未有的创举。现代中国曾掀起"西部文学热"，而早在半个多世纪之前的20世纪30年代，西部文学的荒土就已经被《旅行杂志》的"台柱子"张恨水开垦过，这也算是文学领域的独特时间感，如同时尚一般，几十年似乎就有轮回。

特刊里的特别名人

《旅行杂志》有意思的地方还在于不定期出版专号特刊，这些专号的选题会依据当时的国内外时事和社会热议话题。曾经出版过的特刊有《建筑专号》《留学生号》等。

1929年《旅行杂志》出版《春游专号》，刊载了许多春游游记。这个专号的特别之处在于首次发表了李叔同的名诗《春游曲》："春风吹面薄于纱，春人妆束淡于画。游春人在画中行，万花飞舞春人下。梨花淡白菜花黄，柳花委地芥花香。莺啼陌上人归去，花外疏钟送夕阳。"另外在这本专号上还有一幅广告，内容是韦廉士大医生补丸，而为这款补丸代言的，正是京剧名旦梅兰芳。

1936年杂志发行十周年纪念特大号。这个生日纪念专号淋漓尽致地

展现出《旅行杂志》在图文编写上的"奢华阵容"：刊名"十周年纪念特大号"为曾任交通总长叶恭绰所题，他同时是北京国学馆馆长，中国画学研究会会长以及词学家、书画家、鉴赏家和收藏家；撰文作者除主编赵君豪外，还有教育家罗家伦，画家吴青霞，铁路先驱、京沪杭甬铁路管理局局长黄伯樵，民国开国元勋、书法家于右任，文学家、翻译家、学者金克木以及周瘦鹃，张恨水。这份生日礼物是极高格调了。

　　1937年抗日战争爆发，这年第9期的《旅行杂志》发表了一篇《敬告读者》："把本杂志过去的内容检讨一遍，我们的杂志，除了提倡切实的旅行文字之外，又极力注意到印刷和纸张的精美，每期有很多的图影，封面是用彩色印刷的，这样便花了很多的费用。在这非常时期，如果再讲究这些，我们便是浪费，便是不爱惜物力，更是太无心肝。我们知道，在欧洲大战时，德国为节省纸张计，把新闻印在面包上，看完了重要消息之后，将面包吞下肚去充饥，这种精神是大家值得取法的。"意思就是国民战争的非常时期，杂志理应以身作则，以节俭为纲。这一期中张恨水正在连载的小说《如此江山》篇幅就有所压缩。

而这一期也同样刊发了一幅有趣的广告，写的是位于上海繁华闹市上高达十层、客房超过三百间的新亚大酒店，"代言人"则是胡适，"新亚酒店的成功使我们深信我们中国民族不是不能过整齐清洁的生活。民国二十四年九月十一日　胡适"。大学问家也曾经为豪华酒店做广告，确然是在历史舞台上光鲜亮丽名人的特别一面。

新中国成立后的旅行生活

《旅行杂志》虽然与同时代的其他杂志一样，因为战火、政治压制或者经济崩溃而命途多舛，然而杂志最终"存活"到了新中国成立之后。

新中国成立后的《旅行杂志》刊登更多有关铁路运输的实用信息。广九和京汉铁路的沿途风光，詹天佑与京张铁路，铁路修建的传说和逸闻。火车站外卖萝卜的、卖茶水的、赶毛驴的，照顾失业者的四折票，可以往返多次乘坐火车的月票，都构成了新中国成立后行路的别样风景，更多出一份贴合柴米油盐生活的亲民气息。

1955年，《旅行杂志》更名为《旅行家》继续出版。《旅行杂志》成为中国近代发行时间最长久的杂志之一。

申报月刊：侠客行天下

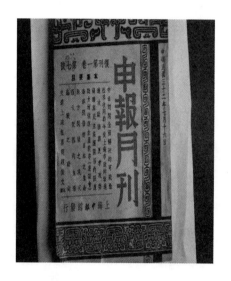

【刊物档案】

创办时间：1932年　　　　　　　停刊时间：1945年

出版地点：上海　　　　　　　　创始人：史量才

主要撰稿人：俞颂华，鲁迅，巴金，茅盾，胡愈之，钱俊瑞，竺可桢等。

刊物特色：政治、经济、文艺、科学综合性刊物。

刊物大事记：

1932年7月15日，杂志创刊，发表茅盾《林家铺子》；

1932年11月30日，刊发史量才《申报六十周年革新计划宣言》，申报在新闻和广告编排、国内外通讯、《自由谈》副刊等12个方面进行改革；

1933年7月，举行"中国现代化"征文；

1936年，改为《申报周刊》；

1937年8月，因抗战停办；

1943年1月，改为《申报月刊》；

1945年6月，停刊。

申报与史量才

《申报月刊》的封面纹理装饰十分特别，能让人联想起章回体武侠小说的刀光剑影，似乎《申报月刊》就像是报刊出版界的侠客一般，心忧天下，路见不平，拔刀相助。

然而说起《申报月刊》，则不得不说起它的母公司《申报》来，而说起《申报》，则总也绕不开史量才。大名鼎鼎的《申报》是英国人美查于1872年在上海创办的，这一年还是清同治十一年，甲午中日战争还未开始。上海在鸦片战争中开放为通商口岸，搭上了全世界的工业化和现代化火车，从此逐渐具有了繁盛的底气。美查是个典型的商人，他创办《申报》这样一份刊载新闻杂谈的日报，并没有什么救亡或者传道的使命感，而只是为了营利，但在成立伊始就十分重视内容质量，1912年请来史量才担任总经理。

史量才

史量才又是什么人呢？他对报刊内容认真，视报刊为实业。他对办报独有一套经营理念和原则，不惧国民政府的恐吓。在他手下，《申报》经过几十年发展，成为当时中国发行量最大的报刊之一。1922年就突破了5万份，以至于当时的中国人认为报纸就是《申报》。在这样的影响力下，蒋介石找到史量才谈话，欲图管制言论。蒋介石说他手下有几百万军队，激怒了他们可是不好办的。史量才十分冷静，淡淡地说："《申报》发行十几万，读者总归有几十万吧，我也不敢得罪他们！"蒋介石见状知道未能威胁史量才就范，于是故作镇静地说："史先生，我有什么缺点，你报纸上尽管发表！"史量才正襟危坐，答道："委员长，你有不对的地方，我决不客气！"

在报纸经营上，自从美查创建《申报》开始，就没有把报纸定位局限于报社，而是图书公司，为了最大化盈利，申报馆还同时经营杂志、出版图书等，这种综合性多样化经营模式在当时的报刊出版界并不少见，新书新报刊的推出能得到原有母公司的滋养，更容易打开市场。多种经营也在史量才担任《申报》总经理的时代延续下来。《申报月刊》正是在这样的背景下诞生的，与《申报》一脉相承的是总经理史量才的正气和侠气。

望子成龙

《申报月刊》是史量才一手创于1932年的上海，主要内容在于申诉论断当时国内、国际现实的经济政治情况，尽力作出动向预测。史量才对这本杂志给予了厚望。因为他认为杂志"可以更加自由地发表观点和评论，登载相关区域性或全国范围内现实问题的新观点、新看法"。"月刊者，多载有统系之长篇著作，足供一般人之研究，盖几于文化所包含之科学技术，无不毕贱"。也就是说，杂志能刊载篇幅更长、更有深度、范围更广的内容，这是快进快出的日报所远不能及的，所以《申报月刊》创办的开始，就颇具有补充报纸的作用。另外史量才也希冀《申报月刊》能"力趋时代之前，应环境之演化，开风气于方新，所求不负其使命者"，也就是希望《申报月刊》成为引领时代潮流、革新社会风气的领军刊物。

这样一份肩负重任的杂志，掌门人的挑选也自然不可怠慢。史量才为《申报月刊》请来的是民国时代著名报人俞颂华。这个俞颂华不简单，因为他对办报和新闻的贡献，被黄炎培誉为"新闻界之释迦牟尼"。他一生都"以新闻事业为唯一终身职志"。他于1932年《申报月刊》创办之时加入。在主编《申报月刊》之前，他在日本东京法政大学完成学业，回国之后在上海《时事新报》担任著名副刊《学灯》主编，而《学灯》被称为新文化运动中的"四大副刊"之一。他刚上任就发起有关"社会主义问题研究"的征文，引发对社会主义的广泛讨论。

俞颂华

报人俞颂华首先是个杰出的记者。1920年他同瞿秋白、李仲武三人以上海《时事新报》和北京《晨报》特派员的身份赴苏俄实地采访，成为十月革命之后中国最早采访苏俄的中国记者。要知道那时候的中国新闻界还没有自己的国际记者。俞颂华在莫斯科见到了列宁，写下了连载37天的长篇通讯稿，名噪一时。俞颂华在青年时代的记者生涯之中，积累了许多报纸经营经验，并且对新闻有自己的深刻理解，如人所誉，是一位"精通三国语言，有良好学术修养的记者和谙熟国际掌故，极富远见的国际新闻记者"。这些都使得他能挑起《申报月刊》的大梁。

他在《申报月刊》的创刊号上写道，"我们要尽我们文化和经济的使命，都以增进民众幸福为前提……中国外祸内忧的日亟一日乃是必然之势。世界与中国其实都同在一个趋于转变的洪流中飘荡，而劳苦民众便是转变情况中能动的积极分子。"可见俞颂华对中国救亡形势有十分前卫的认知，同时又具有通过《申报月刊》担负使命的社会责任感。

侠客掌门侠客刊

然而说起俞颂华，不得不称赞的是他办《申报月刊》和史量才一样具有的"大胆"精神，在既繁荣又混乱的时代里如侠客一般撑起出版、新闻和言论的世界。

同《申报月刊》有深厚渊源的撰稿人之一是鲁迅。鲁迅自1933年6月起的一年时间内，常常选择《申报月刊》发表文章。这是因为1927年南京国民政府建立后颁布了诸多法条进行出版审查，欲图管理言论，控制新闻和出版。负责审查的御用文人们大多受过"爱骂人"的鲁迅的批评，所以他们一见到鲁迅的文章就严苛审查，稿件多被"毙掉"，并且越来越严格，一直到鲁迅忍不住发牢骚道"我的全部作品，不论新旧，全在禁止之列。当局的仁政，似乎要饿死我了事。"

言论环境正进入肃杀的秋天，大名鼎鼎的鲁迅的杂文向来被认为是"匕首"和"投枪"。人人自危的时候，谁感冒着封馆和牢狱之灾的危险，发表鲁迅的文章呢？

　　有一个人敢，他就是俞颂华。1933年起俞颂华多次找到鲁迅约稿，不畏"秋风"，先后刊登了鲁迅的《偶成》《漫与》《世故三昧》等著名杂文。在这些文章中，鲁迅不断揭露当权统治者的黑暗，以及国民劣根奴性。鲁迅十分尖锐，俞颂华十分勇敢。鲁迅就此同《申报月刊》结下一段缘分，二人也成了朋友。据鲁迅自己所述，他们是五四运动时期就认识的"旧相识"。二人一同写下的是有关对自由言论、未来中国和新闻事业的执着故事。

茅盾

　　同样与《申报月刊》有一段"情缘"的还有文学家茅盾。当时也是俞颂华邀请茅盾为《申报月刊》创刊号写稿，茅盾将刚刚杀青的小说《倒闭》交给俞颂华。这部小说写的是江南小镇上的林家铺子林老板，在国危和经济崩溃的风雨之中挣扎，筚路蓝缕只为了自己的铺子，却最终还是未能如愿以偿。俞颂华读完这部小说，觉得很有当下经济与政治形势的代表意义，想在《申报月刊》上连载，但这标题似乎不太合适，若是发表在这创刊号上，老板是怎么看都不会开心的。于是俞颂华问茅盾是否愿意改小说题目为《林家铺子》，茅盾欣然同意，这就是茅盾的名著《林家铺子》最初问世缘由。

　　此外受邀在《申报月刊》上发表文章的还有马寅初、朱光潜、巴金、胡愈之和竺可桢等名家。俞颂华的惨淡经营，让《申报月刊》成为20世纪30年代很有影响力的杂志。俞颂华就如当年的史量才一般，在军政的威胁之下，依然正襟危坐，我自有一番坚持，你奈我何。

鼓励文学与新文化的发展，不光依靠这些文艺大家，《申报月刊》从创刊号开始就开辟"新辞源"栏目，专门介绍不断出现的新词语，例如"摩登"、"安全保障"、"文化统制"等，帮助读者了解新文化，理解不断翻新的报纸杂志。比如"赤字"一词如此解释："这是一个日本常用的名词，是簿记上的用语。凡收支不能相抵，如因支出比收入多，或收入比预定少，以致预算不足，就用赤字表之。原来一般商业上的习惯，在损益计算表上，如果有收益的，多印黑字，而亏损的多用赤字，所以赤字便成为入不敷出的代名字。"由此可见《申报月刊》的细心。

20 世纪 30 年代的中国未来

《申报月刊》在历史上留下的脚印，最深的莫过于杂志在1933年7月举行的一次征文。这一年正值西方世界的经济大萧条，国内上至达官显贵下至平民百姓，日子都不怎么好过。与此同时，日本的野心正窥视中国整个国土。在这种情况下，举国上下都惶惑于中国的救亡以及未来，《申报月刊》就在这一刻发起有关中国现代化的讨论，深感今后的中国"再不赶快顺着'现代化'的方向进展，不特无以'足兵'抑且无以'足食'。我们整个的民族将难逃渐归淘汰、万劫不复的厄运。"

《申报月刊》向全国发起讨论，主要围绕中国要实现现代化，还有哪些困难和障碍，以及现代化的实现到底要依靠个人主义还是社会主义。有人认为社会主义只适用于贫富不均的国家，而中国生产尚且极为落伍，社会主义重分配，而我国当前的问题乃属生产落后，因而"欲使中国现代化，以采用私人资本主义为宜"。

认为社会主义能帮助中国走向现代化的人，目睹资本主义国家经济危机的惨状，认为如果采取个人主义方式，那就一定要同时承担由此可能带来的同样的恶果，既然我们对这样的结果知根知底，那么为什么我们还要坚持重蹈覆辙？"所以个人主义的方式，在我们的现代化计划中，当然在摒弃之列，这是毫无疑问的。"

在这场讨论中，许多人都对资本主义表示失望。自从鸦片战争轰开中国封闭百年的大门，人们对资本和实业拯救国家与民族的希冀从未停止过，而今数十年过去，民众依然没有看到他们期盼已久的现代化社会。加之五四运动和俄国十月革命带来的全新的社会主义思潮，民众转而燃起对社会主义的期盼。

近半个世纪以后，历史向时间证明了究竟中国现代化的实现要走哪条路。透过《申报月刊》，时间逆转，我们看到20世纪30年代的中国人，对现代富足社会的渴求以及对多样价值观的激辩。

真实的陕北

1936年，《申报月刊》改为《申报周刊》每周发行，仍由俞颂华主编。

对中国现状的深刻把握让俞颂华对红色道路有了充分认识。1937年4月，俞颂华以《申报周刊》记者的身份赴陕北采访，在延安见到了毛泽东、周恩来和朱德。他们在窑洞里畅谈了一夜。这时候虽然国共两党联手抗日，但对上海国民政府来说，陕北还是十分敏感的禁区，俞颂华作为国民政府眼皮底

下的《申报周刊》记者，能亲自突破禁区采访，足见其勇气和个人魅力。

采访结束后俞颂华写下长篇通讯稿《从上海到西安和陕北》。虽然俞颂华此行感触颇多，但在这篇通讯稿中依然保持新闻人的克制，没有过多渲染煽情，而是尽力用事实说话，力图向世人展现一个真实的陕北。他感慨道，他进延安时，就看到"城门两旁的城墙上有'和平统一'和'团结御侮'的大标语"。离开延安时，又"回头看看这八个大字，不由得感觉愉快。因为我觉得八个大字，足以代表国难严重中的一线曙光，亦是全国人民的一致愿望"。

这篇有关"共匪"的通讯稿自然会受到国民党的严格审查。审查中通讯稿被删去许多章节，但最终还是刊登在《申报周刊》上。他在陕北拍摄的大量照片也连载在《申报周刊》上。俞颂华由此成为那时为数不多的亲赴现场客观报道陕北的记者。

《申报月刊》在创刊开始就十分成功，在俞颂华和其他同人、撰稿人的努力下，影响力逐步扩大，持续了几十年之久。1943年1月起《申报周刊》恢复为《申报月刊》，最终于1945年6月停刊。在风雨飘摇的民国时代，它就如路见不平的侠客一般，不畏威胁，有所坚持，是独有的风骨所在。

生活：韬光养晦，奋斗不止

【刊物档案】

创办时间：1925年   停刊时间：1933年

出版地点：上海   创始人：中华职业教育社

主编：王志莘，邹韬奋，胡愈之，艾寒松。

刊物特色：民国时期发行量最大的都市通俗文化生活杂志之一。

刊物大事记：

1925年，杂志创刊；

1926年，邹韬奋接任主编；

开设"读者信箱"和"小言论"；

1932年，邹韬奋以《生活》周刊为基础成立生活书店；

1933年，《生活》周刊独立中华职业教育社出版；

邹韬奋被迫流亡海外，胡愈之与艾寒松主持编务；

同年12月杂志被国民党当局查封；

1995年，《三联生活周刊》由生活书店、读书出版社和新知书店合并成立的三联书店复刊。

邹韬奋与《生活》

　　著名的《生活》周刊创刊最开始并不是那么锐利丰满的。诚然，现在的我们，更为熟悉的应该是今日依然活跃在报刊亭的《三联生活周刊》，这是后话。

　　《生活》周刊的初生阶段并不如它的封面和它的标题那样富有"生活"气息。1925年10月降生的它，是中华职业教育社主办的刊物，主编是在哥伦比亚大学深造回国的中国证券先行者王志莘，而杂志则以宣传职业教育为宗旨。看客可能有所不知，这中华职业教育社在当年也算是颇有影响力的社会团体，是大佬黄炎培和蔡元培、梁启超等人联合创立，同人都关心和支持职业教育。这个团体到现在还依然存在并活跃在社会活动之中。这一年的《生活》周刊，还没有意识到自己的命运，将绵延几十年乃至近一个世纪，最终成为报刊新闻史上绕不开的亮点。

　　杂志于创刊第二年，也就是1926年10月，迎来了它起运的转折性事件。这一年，邹韬奋接任了《生活》主编。

邹韬奋

　　是的，现在大名鼎鼎、耳熟能详的邹韬奋，他是对中国新闻出版呕心沥血有杰出贡献的新闻记者和出版家。"韬奋"是他的笔名，据他说他这个笔名中，"韬"是韬光养晦，"奋"是奋斗不止，合起来就是自我勉励不要浮躁多努力的意思。人所希冀的自己，精诚所至，往往能成为那样的人。邹韬奋就如他为自己取的笔名一样，始终都勤奋坚韧。

　　秉持原则、底线和希冀的邹韬奋，在上任《生活》主编之后，就强调要"以公正独立的精神，独往独来的态度，不受任何个人团体的牵掣，尽心竭力"。这首先说的就是独立一事。他自己没有加入什么党派，同时他认为一份优秀的杂志不应该偏袒某一个党，某一种观点以及某一个价值观，国危时刻，未来建设，要坚持的就是"正义"和"大众"。所以他尽力把《生活》周刊培育出中立氛围，不为任何党派服务，也不为"政府"或者"在野党"培植势力。

　　邹韬奋对《生活》改革的措施之中，最具超前意义的是他开辟了两个新栏目。一个是"读者信箱"，一个是"小言论"，发出倡议欢迎读者来信，杂志本身的编辑团队也十分重视每一封信件，选择其中具有代表意义的刊登出来，邀请读者一同探讨。最重要的是，他们同时通过这种读编往来的互动为读者服务，依然坚持对青年人进行事业修养上的意识培养。同时邹韬奋要求《生活》选稿要注重"有趣味有价值"，文风要"明显畅快"。也就是说，《生活》周刊的文字要深入浅出，不矫揉造作，富有内涵和深度，又要使得最广泛的读者都可以读懂。有读编往来和时事言论栏目的报纸杂志数不胜数，然而《生活》周刊的独特之处可以用邹韬奋上任主编后确立的办刊宗旨来总结："暗示人生修养，唤起服务精神，力谋社会改造。"在担当社会责任的前提下尽力为民众服务，成为邹韬奋和他的《生活》最令后人崇敬的一点。

　　也就是因为《生活》周刊的耐心和亲民，杂志渐渐获得读者的信任和忠实。在邹韬奋接管《生活》笔政之后，销售量不断扩大，杂志从一个毫不起眼的小刊物，成为"风行海内外，深入穷乡僻壤的有着很大影响的刊物"。当年青涩的邹韬奋刚从圣约翰大学文学系毕业，还是个初出茅庐的小青年，他一心梦想进入新闻界，却一直得不到机会。如今《生活》周刊就如他满含激情种下的树苗，几年之内就长成参天大树，引得渴盼的读者纷纷来乘凉，这正是邹韬奋的执着、勤奋与坚韧所在。

三联书店的前世今生

《生活》周刊在发展成为覆盖面遍及全国的大型杂志之后，邹韬奋于1932年成立生活书店，出任总经理。杂志社扩展为出版社，邹韬奋的理想也不再局限在杂志，而触及出版行业。发行量巨大的杂志影响面广泛，而出版图书的影响力则有更大的时间纵深。

其中，生活书店以爱国和抗日救亡为出版的基本原则理想，先后出版发行的1000余种图书里，包含许多马克思主义译著。因为生活书店和《生活》周刊新潮锐利，许多进步作者纷纷为生活书店供稿，所形成的良性循环使得生活书店在短短几年时间内扩张，分支机构达到56家，遍布全国。为了躲避肃杀的言论环境，生活书店还曾化名在各地开分店和出版社，达到21家之多。1933年，也就是生活书店成立的第二年，《生活》周刊脱离中华职业教育社独立运作。

与此同时，1936年，李公朴在1934年创刊的《读书生活》半月刊基础上，创办读书出版社。彼时的李公朴依然是坚定不屈的爱国民主斗士，而《读书生活》上则大量发表抗日救国、揭发国民党统治黑幕以及宣传马克思主义和科学通俗化的文章，成为当时许多青年才俊的启蒙读物。随后诞生的读书出版社，也出版了许多通俗化的进步读物，最出名的就是马克思主义经典著作《资本论》。

新知书店则依托于《中国农村》月刊成立，创始人是经济学家钱俊瑞和薛暮桥。几位创始人都对中国农村现状和经济未来有深刻的理解和认识，并且清楚地意识到群众路线对于中国农村发展的重要意义。

可以看到，生活书店、读书出版社和新知书店的负责人以及其出版物，都具有同样的抗日救国爱国主义精神，都对马克思主义的重要性有充分了解，再加上几位负责人之间多为共事过的好友，所以三家出版社走到一起，便是水到渠成的必然之事了。

1945年，三家书店联合在重庆开设分店，这是第一次使用"三联"店名。在此之前，生活书店曾分别与读书出版社、新知书店或者其他出版社共同开办过书店、出版社，数目达到35家左右。

这些出版社和书店为知识和思想的普及提供了媒介，也极大地繁荣了现代中国的新闻报刊出版行业。1948年，新中国成立前夕，三家书店在香港正式合并，成立生活书店·读书出版社·新知书店三联书店。随后主要负责人迁往北京，合并后的书店也因此移师首都，改名生活·读书·新知三联书店，1986年成立上海三联书店。

三联书店延续三家书店所具有的前沿视角和踏实的品位，在不断探索新时代书刊发展方向的同时，形成独特的三联文化，具有公共意识。季羡林曾在一篇名为《我心中的三联"店格"》的文章中写道："我，作为一个老知识分子，经过了多年的观察与思考，把我心目中三联书店的'店格'归纳为八个字：清新、庄重、认真、求实。"邹韬奋当年筚路蓝缕经营的《生活》和书店，如今终于成为"中国知识分子的精神家园"。

彼时与此时的《生活》

　　《生活》周刊在影响力不断扩大之时，内容也从职业教育、青年修养转为讨论社会问题、揭露贪官腐败、狠批社会流弊。日本侵华战争爆发后积极支持爱国抗日运动，反对蒋介石最初的消极抗战策略。

　　这般锐意进取自然会招来当局者的注意。警告、威胁随之而来，然而彼时"韬光养晦"的邹韬奋，此时终于拔剑出鞘，在强权面前依然坚持他所追求的正义和公正。1932年，当时中国的人权社会活动家杨杏佛在上海组织中国民权保障同盟，组织营救被国民党政府关押的共产党人和其他爱国人士。第二年，主编邹韬奋加入中国民权保障同盟，当选为执行委员。搞出这么大"动静"，杨杏佛被蒋介石视为眼中钉，但民权组织的努力从未停止脚步，终于让蒋介石动了杀心。

杨杏佛

　　1933年6月，杨杏佛与儿子驾车外出，不料被埋伏的特务暗杀。当时白色恐怖极为紧张，作为民权保障同盟总干事的杨杏佛遇难后，活动再难组织和筹办下去，同盟在无形之中瓦解。而担任执行委员的邹韬奋，也因为杨杏佛和中国民权保障同盟遭到国民党不断迫害的缘故而不得不流亡海外。

　　主编出逃之后，《生活》周刊的编务由曾任《东方杂志》主编的胡愈之和《生活》编辑艾寒松负责。即便如此，《生活》杂志还是没能逃过被查禁的命运。1933年12月，杂志被国民党当局封禁。在1933年《生活》的最后一期胡愈之发表《最后的几句话》："统治者的利剑可以断绝民众文字上的联系，而不能断绝精神意识上的联系。人类的全部历史记载着，民众的利益永远战胜一切。"

　　之后艾寒松同杜重远于1934年创办《新生》周刊，内容同《生活》周刊雷同，继续呼吁国共合作抗日救国，同时针砭时弊，锐气不减。同时封面形式又很像《生活》周刊，很快就受到读者欢迎，但最终还是在1935年遭到封刊。

　　这一年，流亡海外的邹韬奋回到国内，在上海和香港继续他的新闻出版理想，主编《大众生活》周刊、《生活日报》和《生活星期刊》等。《生活》周刊退出了民国历史，然而杂志的存在价值依然为邹韬奋和《生活》人努力延续着。

　　1944年邹韬奋在上海病逝，遗愿中说明了他想加入共产党的愿望，逝世后中共中央追认他为正式党员。他敢于坚持讲真话，不畏强权威胁，办报办刊不怕得罪当局者，力争言论自由，被如今的新闻出版人敬奉为"韬奋精神"。1987年"韬奋出版奖"成立，这是中国出版界的最高荣誉奖项，同时有新闻最高奖项"韬奋新闻奖"，其后与"范长江新闻奖"合并为"长江韬奋奖"。邹韬奋的一生勤奋、踏实、勇敢，他的精神不断勉

励着后辈的新闻出版工作者。

　　1995年是邹韬奋诞辰100周年纪念，生活·读书·新知三联书店于这一年1月恢复《三联生活周刊》，是纪念邹韬奋这个新闻自由先驱，也是继承先生一生的理想。彼时的《生活》周刊，邹韬奋希望杂志是一个能让"每星期乘读者在星期日上午的闲暇，代邀几位好友聚拢来谈谈，没有拘束，避免呆板，力求轻松生动简练雅洁而饶有趣味"的媒介，以"供应特殊时代的特殊需要的精神食粮"。此时复刊后的《生活》周刊，力图做时代进程的"忠实记录者"，"以敏锐姿态反馈新时代、新观念、新潮流，以鲜明个性评论新热点、新人类、新生活"。勤奋而新锐，这是百余年的《生活》风范。下一次在报刊亭看到最新一期的《三联生活周刊》，你是否会想起这样一整段悠长激荡的往事？

万象：孤岛文艺之舟

【刊物档案】

创办时间：1941年　　　　　　　停刊时间：1945年

出版地点：上海　　　　　　　　创始人：平襟亚

主编：陈蝶衣，柯灵

主要撰稿人：张爱玲，傅雷，郑逸梅，柯灵，黄裳等。

刊物特色：面向都市大众的综合性文艺月刊。

刊物大事记：

1941年7月27日，《万象》由平襟亚在上海创刊；

1942年2月，出版第一本也是唯一的刊外号；

1942年10月，陈蝶衣在《万象》发表《通俗文学运动》，文学通俗化进一步深入；

1943年5月，主编陈蝶衣离开《万象》；

1943年7月，柯灵出任《万象》主编；

1944年9月，《万象》出版《三十年前旧上海》特刊；

1944年12月，杂志因成本问题被迫停刊；

1945年5月，在私人募捐支持下，《万象》重新出版；

1945年6月，主编柯灵因杂志内容敏感被日军逮捕；

1945年6月，停刊。

莫谈政治！

《万象》杂志的封面上是花鸟鱼枝的多彩形象，极具艺术气息。这本就是《万象》杂志理念的本义，"包罗万象，新旧交融"，兼顾时事、科学、文艺和小说。

照说什么都有的事物，大抵也就相当于什么都没有，这就如武林高手过招，十八般武艺样样都会的人，往往被专一使刀剑的独门击垮。然而，虽然号称"样样都会"，但《万象》杂志却成为"非常时期的非常文化现象"。在民国初期的杂志界成为一方高手，这要归功于杂志创刊人平襟亚玩得一手好牌。平襟亚是什么人？江苏常熟人。平襟亚首先是个评弹作家，也写得小说，但最重要的是，他可算得上民国时代的出版玩家，用左右逢源、得心应手来形容是不为过的。

那年代的上海滩图书业盛行"一折八扣"的促销形式。书商们或者普通爱书人可以以一折的价格批量购入图书，倘若可以一次性付款就按一折价格再打八折，也就意味着，一本两块钱的书，一折八扣后可以降价到1毛6分。这种薄利多销的路子狠狠刺激了20世纪30年代的图书市场，收入微薄却又爱书的社会底层可以批量买到那时极为畅销的通俗小说和通史演义，而平襟亚的中央书店则可以在鼎盛时期月入10万元以上的订单。这股持续了近五年的风潮，正是出自平襟亚的手笔，他对民国图书市场的了解可见一斑。

《万象》能有这样的掌门人，在繁华而又复杂的上海杀出重围也就不足为奇了。杂志于1941年7月创刊，那时候战火四处蔓延，上海是其中孤立无援的小岛，而后随即沦陷。在汪伪政府的高压下，整个上海滩连空气里都是"莫谈政治"的味道。黑暗色调的大众生活需要娱乐和文艺调味，而恰好汪伪政府扶持文艺发展，这就促使《万象》落地生根。虽然《万象》将自己定位为"什么都有"的综合性期刊，名人轶事、世界风物、史实钩沉无所不包，但皆以文艺为风范。平襟亚深深明白，最一般的大众需要的是可读与趣味，他们的生活需要接地气而非企及精英未来，所以杂志要"自始至终，趣味盎然"，这样才能"点缀和安慰急遽慌乱的人生"。平老板一双慧眼，让《万象》杂志始终保持着过万的销售量，并成了一种"现象"。

文艺舵手

《万象》创立的一开始，掌门人平襟亚就想到拉陈蝶衣做主编。文艺杂志定要极富文艺范儿的舵手，这就如《万象》要是由陈独秀来编，估计就通本国富民强的百年大业了。从这一个角度来说，陈蝶衣正是不二人选。

陈蝶衣又是什么人？且不论他是谁、做过什么，只看他的名字就可以直接感受到他的文艺风骨了。陈蝶衣本名陈元栋，是琼瑶丈夫的堂伯，是当代指挥家陈燮阳的父亲。青年时代的陈蝶衣是做报馆出身，文采极好，他在报馆年纪最小，被同事们叫做弟弟，上海话发音接近"蝶衣"；也正是在那时候十里洋场流行鸳鸯蝴蝶派，他看了本《蝶衣金粉》，便以"蝶衣"作为自己的笔名了。

陈蝶衣最为世人所熟知的身份是流行歌曲的"歌词大佬"。他写过的歌词超过三千首，所以被人们尊称为"三千首"。"我的心里只有你没有他，你要相信我的情意并不假，我的眼泪为了你流，我的眉毛为了你画，从来不是为了他。""分离不如双栖的好，珍重这花月良宵。"如果你熟稔这些歌词，便会想起周璇、邓丽君、蔡琴，《我的心里只有你没有他》《凤凰于飞》《南屏晚钟》，这些几个时代的歌手传唱不绝的经典流行歌曲的歌词作者，就是于2007年去世的"词圣"陈蝶衣。

陈蝶衣1941年掌舵《万象》主编。因为陈蝶衣和老板平襟亚都与鸳鸯蝴蝶派作家相熟，《万象》经常邀请名家撰文，如周瘦鹃、张恨水、包天笑、程小青等。鸳鸯蝴蝶派发端于十里洋场，极爱描写才子佳人的爱情与哀乐，也兼写武林秘传、社会猎奇，无论什么题材，皆以趣味为第一，与《万象》的文艺大观风范极为贴近。其他名流作者也都多种多样，例如鼎鼎大名的文学家巴金、叶圣陶、卞之琳，深入社会活动的许广平，还有京剧演员童芷苓。

主编陈蝶衣追求新潮，因而有个独特的癖好——他喜欢"陌生名字"，新人新作总能引起他的注意。所以《万象》也刊登了许多大学生创作的作品，这让杂志始终氤氲着新鲜血液带来的锐气，独有包罗万象、多种风格的胸襟，因而自成一系风范和品位。陈蝶衣这样"不昧名人"，也给那年代极具潜力的文艺青年以成长空间和表演舞台。散文大家和藏书泰斗黄裳就是从这里步入文坛的。

这正是民国时代的另一种魅力。家国天下，民族气概，实业救国，启蒙兴国，总归是穿着笔挺制服和西装的精英的世界。精英总是稀少的，金字塔脚下站着的是接地气的一般老百姓，防空洞里的话题依然还是柴米油盐，断电的时候点着蜡烛痴迷于武侠豪情，也幻想浪漫爱情，每个人心中都愿望用醉生梦死的文字构建一个自己所向往的明媚世界。陈蝶衣和《万象》就是他们的梦工厂。

然而共掌文艺之船的船长和舵手并未能善始善终。杂志越卖越好，收入也水涨船高，钱总是许多问题产生的根源。在杂志创刊、平老板请来陈蝶衣出任主编之时，二人曾立下协定，主编可以同发行人分享杂志发行量带来的经济利益。渐渐平襟亚和陈蝶衣在收入分配上有了异议，并且日渐尖锐而无法调和。做文人的不仅要五斗米，也往往想要争一口气。1943年5月陈蝶衣最终撂了摊子离开《万象》，这距离他当初出任主编还不满两年时间。

没人掌舵，船会行歪自毁，平襟亚望着空空如也的编辑部，心中气得简直要跳黄浦江，他是着急杂志不能没有主编，熟知出版业务的他深知主编对于杂志成功的重要性。平老板苦苦寻找称职编辑而始终不得，最后拜托号称"江南第一枝笔"的洋场才子唐大郎，这位朋友遍天下的江南才子为他找来了柯灵。这就是《万象》的第二任主编。

舞台与名伶的往事

柯灵时代的《万象》，又在上海八卦小报上成为沸沸扬扬的话题。起因是《万象》与张爱玲的一段摩擦和公案，核心则是一千元稿费的问题。

当时张爱玲在杂志《紫罗兰》上发表《沉香屑·第一炉香》而被主编柯灵所赏识，所以柯灵想邀请张爱玲为《万象》撰稿。他们经周瘦鹃介绍而相识，逐渐成为伯乐和千里马一样的好友。

1943年张爱玲在《万象》上发表《心经》，她也看好《万象》这样一个舞台，之后曾经拿了自己尚未发表的短篇小说找到发行人平襟亚，希望结集出版，并且请平老板保证销量在八千到一万册，抽取的版税先付给她。资深出版人平襟亚见这阵势不敢把话说死，心想，饭都吃不饱的年代还有哪个出版人能保证销量，再加上预付版税，简直就是通天的本领了。这叠原稿里就有《倾城之恋》和《琉璃瓦》。

为了补偿和安慰张爱玲，平襟亚邀请她从1944年1月开始在《万象》连载《连环套》，约定每月写七八千字，稿酬会预付，每月一千元。但写了一期之后张爱玲就找上门来，要求涨稿费到千字一百五十元，而同期文坛上的老作家也只是千字一百元而已，平襟亚没有答应。不欢而散之后，张爱玲之后交到《万象》的文章每月都会减少字数，一直减到一字不写。这年七月，柯灵建议平襟亚加送两千元稿费给张爱玲，写五六千字也差不多。结果文没有写，这两千元被张爱玲退回编辑部，《连环套》就这样被"腰斩"。但张爱玲没有退每月预付的一千元稿费，这就是争端的核心。

之后张爱玲再也没有在《万象》上出现，而有关这"多"出来的一千元稿费的口水仗则在上海滩的八卦版炸开。平襟亚始终觉得张爱玲极富贵族气质，却又不好说她作为女作家有市侩气。平老板说自己不会因为这一千元而穷，张爱玲也不会因此而富，只不过道理不清，总归让人心有不满。彼时的张爱玲从停课的港大回上海，进入上海圣约翰大学，因为战火而同母亲失去联系，也就没有了生活来源。在拉下面子跟父亲索要了学费之后，生活费依然没有着落，这迫使她卖文为生，并且最好是迅速走红。这也就是张爱玲非常介意稿费问题的原因，也是她希望出版她书稿的书社能同时为她做宣传促销的原因。

之后张爱玲的名作《倾城之恋》《金锁记》《红玫瑰与白玫瑰》都发表在另一本文艺刊物《杂志》上。《杂志》是同时期流行于上海的文艺刊物，也以"综合"见长。与《万象》不同之处在于办刊方针上，《杂志》更加关注文化人的生活，力求在文字之外塑造立体的作者。通俗地说，《杂志》更"八卦"些。《杂志》将张爱玲当作明星，追踪报道她的社会活动，举办有关张爱玲的座谈会等，俨然促成一派"读张"时尚。相比之下，《万象》上曾经刊载的张爱玲的文章，则大多是张爱玲的二流作品。这不是《万象》和主编柯灵不照顾张爱玲，而是柯灵自有一套理念哲学，欲图通过《万象》传承新文学，同时尽力推行抗日主张。作为前辈又极为欣赏张爱玲的柯灵，劝解张爱玲不要急于出版小说，年轻人该多打磨，建议她等战争过去，时局平稳了再做打算。而从来都做着"天才梦"秉着"出名要趁早"原则的张爱玲，则通过《杂志》蹿红。张爱玲也从此与《万象》再无交集。这也是没有办法的无奈之事，舞台和名伶本就是相互依存，名伶可以捧红舞台，满是鲜花与喝彩的舞台也自然吸引名伶。

风潮过去许久，平襟亚依然耿耿于怀过意不去，曾经写文调侃张爱玲，将她比作"狐"。他说他见到这狐，刚来的时候乳臭未干，还是个荒野小狐，之后不断修炼，穿上魅惑人衣。月圆之夜拜月，焚第一炉香之时，变了一半人形，第二炉香全成了人形，却还留着扫把一样的尾巴。如今见了，早就成为亭亭秀发的美女，前后一共三年。

"第一炉香"和"第二炉香"，正是张爱玲走红的《沉香屑》的标题。

金戈铁马下的喘息

战时混乱，国家在战事和经济的夹击下捉襟见肘，通货膨胀让商人、政客和普通百姓的生活同样举步维艰。纸价飞涨，以纸为基础的图书杂志也不得不猛抬定价。米能吃到口都是心惊胆战的时期，哪里还有余钱和闲情购买天价杂志呢？1944年12月，《万象》因为销路锐减而不得不停刊，时代之轮面前，就是平老板也无力回天。

文艺界各路作者朋友听闻停刊消息惋惜不已，爱书爱文学的人们纷纷筹款希望《万象》能继续生存下去，仍请柯灵为主编。

1945年5月杂志完成组稿，这一期《万象》上刊登的几篇历史小说，皆暗喻日本侵华战争即将结束，中国绝不投降。日军听闻，随即派宪兵队拘捕主编柯灵，阻止杂志出版发行。

此时杂志已经全数印好，当家人平襟亚知道杂志敏感，不愿坚持发行。众人支持下，最终这期《万象》得到各路书报出版社的帮助推销，然而很快又被日军查禁。做老板的拂袖而去，做掌舵的被关大牢，做朋友的敌不过军队金戈铁马，《万象》杂志至此气数已尽，空余众人惋惜。

在朋友的斡旋下，主编柯灵被释放，随后日本也宣布投降。一个时代结束了，它也是《万象》的时代；另一个时代款款驾临，却不见了《万象》的身影。

文学杂志：艺术的良心

【刊物档案】

创办时间：1927年　　　　　停刊时间：1948年

出版地点：北京　　　　　　创始人：朱光潜

主要撰稿人：沈从文、废名、林徽因、冯至、卞之琳、林庚、陆志韦等。

刊物特色：现代文学刊物。

刊物大事记：

1937年5月1日，杂志在北京创刊；

朱光潜发表《我对于本刊的希望》；

1937年8月1日，因抗日战争停刊；

1947年6月1日，复刊，主编仍为朱光潜；

1948年11月，杂志最终停刊，共出版22期。

短命的天才

民国时代的杂志大多早夭，它们大多创刊于民国初年，或者是在文艺、政论和新闻报刊都繁盛一时的20世纪二三十年代，而逐渐销声匿迹或至少是暂时停刊在20世纪30年代后期。它们早夭的原因多种多样，但却不外乎抗战爆发被迫停刊和国民政府白色恐怖言论管制的封禁，诚然也有因为内部经营不善、合伙人不团结而无法幸存于动荡年代，出现经济系统崩溃的情况，但毕竟是少数。

"意志力"坚强的杂志能在抗战和内战之中四处避难，竭力复刊。即便读者已不再是当年车水马龙的上海滩上有闲钱、有闲心的读者，即便纸张紧缺邮递交通闭塞，这些杂志也尽力在这艰苦环境中苟延残喘，试图延续纸醉金迷的梦、国富民强的梦抑或是孤芳自赏的梦。有一些则在抗战结束、国内局势稍稍安定明朗的时候重出江湖。然而不管应对战争的方式如何，极少民国杂志能在战火和江山易主的时刻幸存。换言之，历史对每个人每份报纸杂志都很公平，存世的时间都差不太多，但能否在青史上留下美誉，或至少是雪泥鸿爪，则是大异其趣，唯看掌门人的最初理想远志能否撑起一个小世界，以及其经营能否筚路蓝缕而矢志不渝。

倘若单看寿命，《文学杂志》算是再短命不过的了。杂志创刊于1937年5月，每月一期，编辑部位于北平，出版发行则是上海商务印书馆负责。1937年8月，杂志出版第4期，随后因为抗日战争爆发而停刊。1947年，也就是时隔十年，杂志复刊。紧接着一年有余之后的1948年11月，《文学杂志》出版了最后一期，之后再未出现在历史舞台。前后加起来这不到两年的存世时间里，杂志共出版22期。

然而《文学杂志》能够在这样短的时间里成为畅销的文学刊物，每期销售量都在两万本以上，并且做出一番成就和贡献而青史留名，不说厚重，不说金光闪闪，但至少成为文坛上的一笔，则跟杂志的创办和经营理念，以及编辑同作者的惨淡经营很有关系。

《文学杂志》的封面就很有"名著感"，四周框线把封面围成了一幅画，邀请你来看文学的风景。杂志的诞生被赋予了特定的文艺使命，刊物存在的理想和价值在于"维护艺术良心"。正如编者在创刊号的发刊寄语《我对于本刊的希望》中所述，"现实的中国文艺界"，"无论是左是右""都已不期而遇地"走上了"死路"。时序已经走到30年代后期，一边满目疮痍，一边开放和繁荣的中国土地，经历了柔弱的改革也经历了砸场子的暴力革命，见识了大工厂和轰隆轰隆的现代机械也被西装、剪辫子和白话文粉碎了百年来故步自封、一潭死水般的陈旧思想观念。眼下的时代正引领我们探索和争论未来中国具体而微的模样，而对新文学的探讨，则正离不开这样一个尚未定型的大环境大世界。在此之前，"左"和"右"的争执从不休战，文学被认为是钢枪武器，文学被认为是启蒙以至于救亡的利器，文学被认为就该是文学本身，文学被认为是美的艺术追求。无论如何对骂不止，就如《文学杂志》创刊时所说，都已经走上了死路。所以，照《文学杂志》所见，中国新文艺正"处在幼稚的生发期，应该有多方面的调和的自由发展"，所以提出"自由生发，自由讨论"的发展新文艺的原则，"多探险，多尝试，不希望某一种特殊趣味或风格成为'正统'"。

根据这种信念，《文学杂志》期望杂志成为"一种宽大自由而严肃的文艺刊物"，使其"对于现代中国新文学运动""尽一部分纠正和向导的责任"。由此可见，虽然《文学杂志》没有明说远离"主义"色彩，但还是会被认为走"中间路线"，对左右之别不偏不倚。大体而言，喜欢拿

"主义"和"路线"说事的大体是左些，标榜没有主义的往往右一些。然而无论官家如何评判，《文学杂志》的办刊理念所显示出的对处在十字路口上的中国新文学的本质和未来的冷静思索，是它得以在历史浪潮中站稳脚跟的重要原因。

从这来说，《文学杂志》算是个短命但天才的杂志，在众人还不知"艺术的良心"为何物之时，提出自己的见解，并努力探索和守护，这是其他任何心浮气躁冠冕堂皇的自我标榜所望尘莫及的。

朱光潜和他的编辑美学

《文学杂志》主编朱光潜爱"美"，他是中国著名美学家。他在香港大学文学院读书，后来辗转英国和法国，获得文学博士学位。他撰写过《西方美学史》，是中国学者执笔的第一部美学史著作。他还翻译过黑尔格110万字的《美学》。美学是哲学的一个分支，研读美学，不仅要求有"审美能力"，还要有基本的哲学逻辑思维方法。早年朱光潜的求学经历，和他对美学的深入钻研，让他对文学艺术之美形成一套自己的见解。

朱光潜

凭此而论，朱光潜不仅在学术上造诣匪浅，在编辑上也是十分有原则和"美感"的。在出任《文学杂志》主编伊始，朱光潜就说这本杂志应该是有个性的，不要变成随大流的刊物，"它应该集合全国作家做分途探险的工作，使人人在自由发展个性之中，仍意识到彼此都望着开发新文艺一个共同目标。"

《文学杂志》发表的文章以文学创作和文学研究评论为主，在作者上也尽力做到兼容并包，力图成为宽容而自由的文学平台。沈从文、废名、林徽因、胡适，这些都是经常在《文学杂志》上发表文章的自由主义作家，而左翼文学人物的作品也受到主编朱光潜的欢迎，比如萧军，他在《文学杂志》上发表了长篇小说《第三代》。朱光潜则在杂志上向读者推荐萧军的作品："萧军的《第三代》是近来小说界的可宝贵的收获，值得特别注意。"

另外，在杂志编排上，主编朱光潜也十分上心。《文学杂志》对文艺理论和创作同样重视，在篇幅上就体现出二者并重的原则：文学创作作品占五分之三，述评和研究论文占五分之二。"相比一般流行的文艺刊物，本刊似较着重论文和书评，但是这并不就是看轻创作。论文不仅限于文学，有时也涉及文化思想问题。这种分配将来也许成为本刊的一个特色。"这种也写也评的刊物编辑方法，是朱光潜借鉴他在英国研读过的几本著名文艺刊物的做法。他引进到国内、《文学杂志》上，因为他努力通过刊物引导读者和作者"不仅要读，还要谈、要想"。

朱光潜觉得"一个编辑者的地位是很卑微的，他只是作者与读者中间的一个媒介人"，他不能因为有审稿和发稿的权力，就对作者居高临下颐指气使；而对于读者，编辑"不能轻视读者，他不必逢迎读者，他却不妨由迁就读者而逐渐提高读者"。朱光潜的编辑美学，应为当今编辑的镜鉴。

京派与海派

　　《文学杂志》连同另外的《文学季刊》、《大公报·文艺》，成为所谓京派文学发表作品的阵地，因为流派成员多在京津地区进行文学活动而得名"京派"。沈从文是京派作家第一人，其他代表人物还有废名、李健吾、林徽因、汪曾祺、萧乾以及《文学杂志》主编朱光潜。

　　一般认为京派作家群体由三部分人构成：20世纪20年代末留下的重视性灵和趣味的作家，是语丝社的分支；原来的新月社成员或者同《新月》月刊有较多联系的作家；以及北京大学和清华大学，还包括燕京大学具有写作才能的新兴青年作家。

　　这个群体的作家，对政治和时事都抱有强烈的疏离感，一心关注平民、人生、人性和乡野田园，气质宽容醇厚，从容而

沈从文

诚实，在文风上则追求平和、淳朴和淡远。沈从文的《边城》就是这些作品的代表性小说之一，"由四川过湖南去，靠东有一条官路。这官路将近湘西边境，到了一个地方名叫茶峒的小山城时，有一条小溪，溪边有座白色小塔，塔下住了一户单独的人家。这家人只有一个老人，一个女孩子，一只黄狗。"白描的笔触勾勒出田园的朴实之美，而又在平淡之中富有张力，由此晕染开的故事，不是辛辣或酸苦的刺激滋味，而是在细水长流的淡然之中，慢慢露出人性的面貌，善良和单纯的侧脸。评论家认为沈从文将小说诗化、散文化，使得在现实主义基调中，又有浪漫主义色彩。

　　在这一点上汪曾祺则很有相像之处，《受戒》和《大淖记事》是其

汪曾祺

中获过奖、影响力较大的小说作品。他努力在小说中用宽容的视角，带领读者发现身边的凡人小事，以告诉世人，美就在身边。他谈吃，"油和的发面做的包子。包子的名称中带一个'破'字，似乎不好听。但也没有办法，因为蒸得了皮面上是有一些小小裂口。糖馅肉馅皆有，吃是很好吃的，就是太'油'了。你想想，油和的面，刚揭笼屉，能不'油'么？这种包子，一次吃不了几个，而且必须喝很浓的茶。"逼真诱人的描写，带你领略平凡的小生活之美。

《文学杂志》的诞生就以京派作家为基干，同时得到了原来新月派作家的支持，而《文学杂志》也以宽容的姿态培养了一批新兴青年作家。但《文学杂志》上刊登的具有影响力的单部作品并不太多，其中沈从文作品的文学价值和地位也是在几十年后才慢慢被人们发觉和认识。杂志上发表的文学述评则有许多吸引了学界注意，例如著名红学家俞平伯评述《红楼梦》以及周作人评议日本俳句的文章。

同时期与京派作家相对的自然是海派。一般意义上认为海派作家也由三部分人构成：从五四文学中逐步面向大众读者的作家，例如张克标；20世纪30年代在上海都市十分流行的作者，包括穆时英、刘呐鸥、施蛰存等；以及40年代出现的风行一时的作家，典型有如张爱玲、苏青等。

从作者群上就可以看出海派作家的风格与《文学杂志》为代表的京派作家迥乎不同。简而言之，海派作家是面向最大化的读者和商业收入的，所以是市场和读者主导、迎合读者口味的写作思路。自然，在海派形成初期，作者们创作了大量性爱小说，通俗而以情爱为主要内容的小说受大众消遣所爱，是无论何时何地都不会改变的人之本性。海派作家在这些小说之中能运用白话文，并试着描写性心理，是他们在文学形式上的创新之处。之后的海派则更加注重现代城市文明和商业文化视角下的大都市。张爱玲的《倾城之恋》和《金锁记》就是这种风格作品的代表。

"京海之争"中，沈从文为代表的京派作家认为海派是"道德上与文化上的恶风气"，是"名士才情"与"商业竞拍"相结合的产物。而骂人犀利的鲁迅则部分戳中了京海两派的本质："要而言之，不过京派是官的帮闲，海派则是商的帮忙而已。"

各有各的特点和贡献，各有各的优势和缺点，虽然这样说很有中庸之嫌，但总归是相对客观减少偏见的看法。《文学杂志》在历史上昙花一现，存世时间十分短暂，但能在这有限的时间内，引领作家们对新文学未来发展方向的探索，并且发掘新兴青年作家，无论京派、海派还是苹果派，它都对文学和文化具有推动作用。

现代：想象力与新感觉

【刊物档案】

创办时间：1932年 　　　　　停刊时间：1935年

出版地点：上海 　　　　　创始人：洪雪帆、张静庐

主要撰稿人：鲁迅、茅盾、郭沫若、冯雪峰、张天翼、周起应、沙汀、楼适夷、魏金枝、郁达夫、巴金、老舍、戴望舒、施蛰存、穆时英、杜衡、杨人、侍桁、沈从文、周作人、赵景深、李金发、苏雪林等。

刊物特色：奉行"文学作品的本身价值"的文学月刊。

刊物大事记：

1932年5月，在上海创刊；

1932年10月，易嘉发表《文艺的自由和文学家的不自由》，掀起"文艺自由问题论辩"；

1933年，改为由施蛰存、杜衡联合主编；

1935年，汪馥泉接任主编；

1935年5月，因现代书局关闭，杂志停刊。

杂志老手施蛰存

《现代》杂志的封面很有设计感，是由阴影、色块、纹路和几何图形组成的图画，像是一幅出自极具个性和个人魅力的名画家之手的现代主义画作，或许也在不知不觉之中说明着文学本身所具有的想象空间和文字可以被赋予的象征价值。

文学月刊《现代》创刊于1932年5月的上海。这一时期的文学杂志大多极其短命，比如郁达夫主编的《大众文艺》，往往被国民党当局以言论管制与审查政策的封刊、监禁手段严格管制。因为这些杂志虽说是文学杂志，但其内涵通常带有左翼思想，含沙射影，极尽文学讽刺的影响力，所以这些杂志凭着批判和揭露黑暗与腐败的精神在读者中间打响名声，也正是在其发行量逐步扩大之后，又因为其左翼思想而被当局所注意，查禁只是早晚的事了。

杂志还是要办下去的。在这种情况下，书局老板们都清楚得很，"理想"和"盈利"不可得兼。以刊物传播观点是理想，也是烫手山芋，可以很美味但其实还没能吃到嘴里就已经伤得目不忍视。扩大销售量意在盈利，就要持续经营，不能因为内容的敏感被当局查禁而一命呜呼。肯冒风险追求理想的是文人精英、好汉英雄，但盈利为主的老板思想也诚然是人之本性无可厚非。这就是现代书局的老板们的所思所想，仔细掂量下，他们决定创办一份文学杂志，这份杂志要是一份"不冒政治风险的纯文学刊物，能够持久地按月发行，使门市维持热闹而带动其他出版物的销售。"按照现在的时髦说法，这本杂志的诞生，最初带着市场营销、打出品牌的目的，这就是文学月刊《现代》。

杂志诞生了，但掌门还需要谨慎选择。在书局老板看来，《现代》

的主编顶重要的首先是熟悉文学，最好本身就是个文学家；其次要对办报办刊也有所了解，不是一个只会闭门造车的糊涂虫；最后就是要切合杂志创办的初衷，没有太强的左右价值观意识，没有对某个政党有不可改变的偏好。

施蛰存

他们找到了施蛰存。这个经常被中国文学史忘掉的人物，在上海大学和复旦大学完成学业，在学校期间就与戴望舒、刘呐鸥创办过一份文学杂志，之后又在上海几个最前沿的书店担任编辑，所以他可是个办杂志的老手。而施蛰存对中国文学史最独特的贡献，在于他第一次在小说中应用了心理分析法刻画人物心理，成为新感觉派小说的代表人物之一，也使他在20世纪30年代就成了中国最有影响力的心理分析小说家，代表作就是小说《将军底头》。他是中国现代主义小说奠基人之一。有评论家说，如果要开一张五四以后新文学最优秀的作品目录，那么施蛰存的小说集《将军底头》肯定会占一个位置。足见其文学地位。

而杂志创刊的这一年，1932年，施蛰存刚刚27岁，年轻气盛，在文学上不是左派作家，同时跟国民党也没有什么交集。所以总体而言，施蛰存是一个十分"纯粹"又经验"丰富"的作家，出任《现代》杂志的主编正合适。

"良友"《现代》

历史告诉我们，从来一件事能成，天时地利人和，缺一不可。《现代》杂志的诞生最后得了施蛰存做主编，算是最终集齐了天时地利与人和，所以《现代》杂志能对中国文学发展和探索产生不可小视的作用，当然这是后话。

杂志在创刊号上的发刊词里说明了《现代》的立场和观念："本志并不预备造成任何一种文学上的思潮，主义，或党派"，"本志所载的文章"，以"文学作品的本身价值"为标准。也就是说，《现代》摆明了要走"中间"路线，对开宗立派这种事没有太大兴趣，而致力于回归文学本性和自有价值。

在主编施蛰存看来，之前存在过的或现在还有的文学杂志，大多"不是态度太趋于极端，就是趣味太低级"，趣味低级本身足以让文学崩溃，也在实际上没有文学可言，而前者"态度极端"，则"往往容易拘于自己的一种狭隘的文艺观，而无意之间把杂志的气氛表现得很庄严，于是他们的读者便只是他们的学生了"。换句话说，带着浓重思想目的的文学杂志，在经营过程中往往变身一个传道者，一个喜欢说教的人，仿佛价值观和"主义"才是正经事，要读者们紧绷起脸来听，而文学则只是一个外壳和方式了。

所以，施蛰存在一开始就很注意，在《现代》杂志的氛围塑造上尽力避免变成这样说教气过重的"师傅"，而更愿意做读者的"伴侣"和"良友"。当时也有其他的文艺杂志秉持类似的观点，觉得办杂志只是想提供给读者"并不怎样沉重的文字和图画"。文学本身的价值在于其艺术美感，读文学实质上是人的本性中对美的追求所产生的爱好，是兴趣、习惯和一种消遣，一种"杀死时间"的方式而已。倘若读者喜欢文字之中被赋予救国救民的崇高亦沉重的历史使命，还请亲近左翼文学吧！

在选稿策略上施蛰存也很大胆、很"中立"。他说《现代》杂志的稿件选取"只依照着编者个人的主观为标准"，而这个"主观标准"，"当然是属于文学作品的本身价值方面的"。能直白地喊出标准很"主观"的人，在当时估计没有第二个。但实际上，事情都是人想的人做的，标榜客观的人，或许在中立这件事上还做得不如施蛰存好。"客观"本身只能表明态度和向往，做得是否正点跟说得是否好听是两回事。

在这种编辑原则之下，《现代》杂志上刊登的文学作品的作者相当广泛，单看人名：如鲁迅、茅盾、郭沫若、冯雪峰、张天翼、周起应、沙汀、楼适夷、魏金枝、郁达夫、巴金、老舍、戴望舒、施蛰存、穆时英、杜衡、杨人、侍桁、沈从文、周作人、赵景深、李金发、苏雪林。海派作家自然容易同施蛰存要求的风格相吻合，但杂志也刊登过许多京派和左翼作家的作品，甚至其中的楼适夷还曾写文章公开批判施蛰存的小说已经走上"魔道"，施蛰存仍十分宽怀地在《现代》上发表他的作品。此外杂志不仅发表文学创作，还刊登文艺论文和其他文学门类，同时注重翻译引进欧美和日本的现代主义文学作品和论文。《现代》杂志首次翻译发表了法国左翼作家伐扬古久列的《告中国知识阶级》，后来施蛰存在杂志上增加了"外国文艺通信"栏目，刊登来自欧美、日本留学文人的信件，介绍留学所在地的文学动态。这等兼容并包，恐怕当时也没有多少号称多样中立的杂志做得到。

事实证明施蛰存"主观"标准营造出来的自由氛围让《现代》留给世人许多脍炙人口的名篇，如茅盾的《春蚕》、郁达夫的《迟桂花》、穆时英的《夜总会里的五个人》、巴金的《海底梦》、老舍的《猫城记》、杨晦的《伍子胥》，最初都发表在《现代》杂志上。许多文章因为所探索的写法太新潮，被当时的评论家评判为"无法捉摸"，《现代》杂志所聚集起来的作家，则被称作"《现代》之群"。

新感觉派

最为主编施蛰存青睐的莫过于新感觉派小说。话说起来新感觉派也是中国文坛中小说创作的重要流派，把弗洛伊德心理分析法应用在小说心理描写之中的施蛰存则是这个流派的代表人物和重要推手。

新感觉派小说家不像前人那样在作品中注重真实可感的现实主义，而更多强调作家本人的主观感觉，对客观世界真实可触的细致描摹则不是他们作品里的重点，蒙太奇和人物心理分析则是这群作家大胆尝试用以突出个人感觉和印象的典型方法。

实在点说，倘若现实主义写法是"我在街角看到一个穿着红裙的女子"，那么在新感觉派的世界里，这个女子是这样的："我在迷蒙的雨雾里，撑着伞同一位妙龄女郎并肩而行时，仿佛就是初恋的那个少女。倏而又看到妻子在一家街店旁用忧郁的眼光盯视着我。后来又仿佛觉得身边的少女变成了一个不相干的女人。"现实如何对他们不重要，对于同一个女子的不同印象和错觉，叠加在一起，看似是走上"魔道"的混乱想象，实际则反而凸显出人物复杂的内心世界。

新感觉派的发源地并不在中国，而是源起于20世纪20年代的日本文坛。写出《伊豆的舞女》、《雪国》而后获得诺贝尔文学奖殊荣的日本作家川端康成就是日本新感觉派的代表人物。而在中国，被称作"心理分析小说派"和"现代派"的新感觉派，第一个吃螃蟹的人是刘呐鸥。他创办的文学杂志《无轨列车》半月刊就是中国新感觉派小说实践开始的标志。

刘呐鸥

刘呐鸥曾在《现代》杂志上发表小说《赤道下》，施蛰存曾经为这篇小说写编者按："我觉得在目下的文艺界中，穆时英君和刘呐鸥君以圆熟的技巧给予人的新鲜的文艺味是很可珍贵的。"穆时英则是新感觉派小说的另一位代表人物，他创作的许多现代派小说都发表在《现代》中，有一阵子达到每期一篇的地步。

《现代》上的新感觉派小说重视意识和感觉，并不能为所有读者欣赏和理解。但这种写作和编辑风格也影响到《现代》中发表的诗作，最典型作者就是写出《雨巷》的诗人戴望舒。对于《现代》中的诗作，施蛰存说："《现代》中的诗是诗，而且纯然是现代的诗。它们是现代人在现代生活中所感受到的现代的情绪用现代的辞藻排列成的现代的诗形……《现代》中的诗大多是没有韵的，句子也很不整齐，但它们都有相当完美的肌理，它们是现代的诗形，是诗！"可见主编施蛰存对这样的意识流风格十分欣赏和喜欢，在他的"主观"看来，这样的诗和文学才不受形式和价值观拖累，而能更加真实地表现出人的感觉，从而成为更加接近人的本性的文学，而这才是文学的本性和价值所在。

文艺自由问题论辩

《现代》杂志原本想离政治和所谓派别远远的，但事实证明这个理想在当时有许多人有，能实现的却几乎没有——20世纪30年代著名的"文艺自由问题论辩"，就是以"中立国"《现代》为战场。

说起来这场所谓的论辩有关"文艺自由"问题，但实际上还是脱胎不了文学价值的"左"和"右"争论。

左派批评右派文学观是一种虚伪的客观主义，否认艺术能够影响生活。"要文学脱离无产阶级而自由，脱离广大的群众而自由。阶级社会里，没有真正的自由。当无产阶级公开要求文艺为斗争工具时，谁要出来大叫'勿侵略文艺'。谁就无意之中做了伪善的资产阶级的艺术至上派的'留声机'。"

右派看不惯文学被注入"阶级"和"主义"的概念，说"文学这卖淫妇似乎还长得不错，于是资产阶级想占有她，无产阶级也想占有她。于是文学便只能打算从良。从良以后呢？作者便从此萧郎是路人"。于是左派回击道"文学家不是什么'第三种人'，也不必当什么陪嫁的丫环，跟着文学去出嫁给什么阶级。每一个文学家，不论他们有意的，无意的，不论他是在动笔，或者是沉默着，他始终是某一阶级的意识形态的代表。在这天罗地网的阶级社会里，你逃不到什么地方去，也就做不成什么'第三种人'"。

于是右派说了，左翼文坛用许多手段来压制别人。比如"借革命来压服人，处处摆出一副'朕即革命'的架子来。他们处了'正统党派'的优势，你批评了他的一句话，他们说你是侮辱了革命，因为他们是代表革命的"。

旁观到这里，看客即可发现这场争辩十分有意思，倘若你在文学有无阶级性、可否独立这个问题上没有太多偏执的话。这场争辩有趣之处在于两方观点阐述得十分清晰在理，每方都可以自圆其说，并且更有意思的地方是他们骂人的文采实在够好。因为说得好所以对垒越来越激烈，笔战不停，也因为都能自圆其说而僵持不下，分不出所以然来。

而这似乎也在告诉旁观者，所谓差别和争执的双方，本质上只是不同的价值观，而价值观从没有对错可言，更多要求我们的是宽容和尊重求同存异中的"异"。然而即便没有对错，最终文学还是被赋予了"胜负"之分。胜者为王败者寇，有控制欲的大王会拿自己的价值世界否认落为草寇的另一边。而历史的洪流过去，即便《现代》杂志在1935年因为出版商现代书局关闭而停刊，我们也应当竭力跳出被灌输的偏见，掀开拿花布装饰过的历史表面，看见百年文学史的纹理。

现代评论：兼容与对错

【刊物档案】

创办时间：1924年　　　　　停刊时间：1928年

出版地点：北京　　　　　　创始人：郁达夫、胡适、王世杰

主要撰稿人：胡适、高一涵、唐有壬、陈源、徐志摩等。

刊物特色：现代综合性刊物。

刊物大事记：

1924年12月13日，杂志在北京创刊；

1925年，增设"闲话"栏目，由陈源主持；

1925年，出版《关税会议特别增刊》；

1925年，杂志发表最早的鲁迅评论《鲁迅先生》；

1927年，杂志迁往上海；

1928年12月29日，停刊。

不以左右论英雄

《现代评论》二周年增刊的封面简洁大方，下方版画上两个人分别朝向不同的方向，像是在挣脱、向上，或者是争鸣。这在有心无意之中反映出杂志的经营方针和理念，《现代评论》的投稿者，"不论社内或社外，有名或无名，文坛的老将或新进的作家，甲派或乙派，都受同样的看待。"这在精英们逐渐意识到兼容并包不同思想的重要性的民国时代，也是难得做到的事。左与右，激进与保守，新派与传统，在这个纷繁复杂的年代里变得格外对立而极端，也因为越是如此，对多样的宽容与聆听就越是重要。

即便其后《现代评论》和相关主笔人多不受主流历史观点所待见，但反观其经营理念，或者说杂志一直所向往的争鸣经营理念，依然是极富魄力，远非单一争论与文论杂志可以望其项背。

这份备受争议的《现代评论》创建于1924年12月13日的北京，每周出版一期，以有关政治、经济、法律、哲学与科学的论文为主。虽然不那么"文艺"，但为杂志撰文的都是名震一时的新派学者和文人，所以也成为20世纪20年代文学改革之中的重要领导刊物，促使文学从佶屈聱牙的文言文时代走向贴近口语的白话文，让新式文学更加贴近一般读者民众，而又因此繁荣了文学创作。

胡适作为《现代评论》的主要撰稿人之一，又曾担任国民政府教育部要职，因此《现代评论》以及杂志社诸位主笔又具有了对当时教育改革和学校体系的影响力。文学通俗化成为民国建立后，教育平等化和扫盲运动的关键过程，而《现代评论》也为这其中文学的改良引进了西方理论概要。

《现代评论》酝酿建立时期由创造社参与。彼时，创造社刚刚成立不过3年时间，同人主要是同在日本留学过的郁达夫、郭沫若、成仿吾以及田汉等。郭沫若的名诗《女神》、译著《少年维特之烦恼》，郁达夫的小说集《沉沦》都是这个时期的作品。创造社追求纯粹的文学艺术，注重自我世界的抒情和表达，这都使得《现代评论》的诞生氛围满是人道主义与个性解放的浪漫气息。

其后创造社刊行《创造季刊》《创造周报》《创造月刊》等，《现代评论》主要负责人为王世杰。

真正的宽容

王世杰是个很有意思的人物。他早年在英国取得学士学位，之后于法国获得法学博士学位，是典型的欧美式新派学者，学的又是法学，所以对天赋人权、独立自主、学术自由的理念极为熟稔。

1928年南京国民政府改武昌中山大学为国立武汉大学，王世杰成为武汉大学首任校长。他在就职演讲中道："只有经费独立，学校才能自主办学，不受政党集团、行政机关的干扰……只有教授治校，才能避免

王世杰

学校沦为'官府衙门'，从而求得学术的自由。"虽被国民政府任命为校长，但王世杰这一番话，显然不给国民政府好脸色看，可算是他倡导西方独立自主、不受政府干预观念的体现。

20世纪30年代初王世杰从政，先后担任过国民政府法制局局长、教育部部长、宣传部部长、外交部部长和总统府秘书长等要职。然而他在一众国民党高官之中是个另类，他不抽烟不喝酒，很少娱乐没有嗜好，上下班都是步行从不坐专车。同僚评价他的气质"尤不宜于官场生涯：官场习气，多的是巧言令色之辈，而他要言不烦，不苟言笑；官场习气，多的是酒肉征逐的应酬，而他生活谨饬，几乎全无世俗的嗜好。单单这两款，就足以使他独来独往，无朋党奥援。"

他的长子联考失利，时任教育部部长，王世杰也坚持不允许同中央大学校长说情，最终儿子只能以旁听身份在中央大学学习。

这样的人主办《现代评论》，杂志一定具有独特性格。他出任主编伊始就强调杂志经营坚持"无顾忌、无偏党，无阿附"的原则，说到底依然是兼容并包、客观中立的自由主义，却也因为他的坚持，杂志多次因为批评当局而遭到查禁。

这种自由主义的宽容的最好体现，莫过于《现代评论》曾发表过许多介绍马克思主义和共产党的文章。主编王世杰本人并不信仰马克思主义，在政治价值观上甚至是马克思主义的对立面，却能允许马克思主义政论文章刊登在自己主导的杂志中，算得上是对"无顾忌、无偏党，无阿附"原则最有说服力的实践。而他自己也从不在文章中使用国民党公文盛行的"共匪"蔑称共产党。彼时自称民主自由、包容多样的报纸杂志、自称信奉先进理念的各路英雄豪杰，又有多少能做得到如此呢？

"被对立"的现代评论派

让《现代评论》陷入历史争议旋涡的是杂志撰稿人之一陈源与鲁迅

的一段公案。陈源青年时代于英国留学，先后在爱丁堡大学和伦敦大学攻读政治经济学，并获得博士学位。1924年在胡适引介下主持《现代评论》的《闲话》专栏，发表的杂文之后结集为《西滢闲话》，所以陈源也被世人称为"陈西滢"。

陈源

陈源与鲁迅结怨肇始于1925年的女师大风潮。1924年北京女子师范大学学生因不满校长杨荫榆而闹学潮，陈源发文批评学生罢课搅乱了正常的校园秩序，甚至将学生运动比作"茅厕"，说"人人都有扫除的义务"。这让支持群众运动的左派，尤其是代表人物鲁迅极为不满，从此引发笔战。因为陈源发文的阵地在《现代评论》，所以鲁迅称陈源和其他同僚为"现代评论派"或"现代派"。鲁迅称"现代评论派"中的某些人为"媚态的猫"、"叭儿狗"、"未叮人之前还要哼哼地发一通议论的蚊子"、"嗡嗡地闹了半天，停下来舐一点油汗，还要拉上一点蝇矢的苍蝇"、"脖子上挂着一个小铃铎的山羊"，指责所谓现代评论派为帝国主义和买办资产阶级的张目，污蔑群众革命。

其后陈源则指出鲁迅所著《中国小说史略》多处抄袭日本的《支那文学概论讲话》，于是对鲁迅究竟是否抄袭一事，"两派"又对骂笔战。然而受英式教育温文尔雅的陈源哪里是犀利的鲁迅的对手，论战之中《现代评论》也受鲁迅左翼文学批评所影响而常被冠以"反动"的帽子。

陈源发表在《现代评论》的随笔杂文文采晶莹，行文如流水，文学造诣与胡适、徐志摩很有相通之处。然而人说陈源为代表的欧美系新派人物，同留日的鲁迅、郭沫若矛盾居多，携手较少。留学欧美的胡适、徐志摩和陈源，在世界名校取得高学历，年纪轻轻就在学界享有盛誉，回国后大多进入一流大学任教，受人尊敬而生活优裕，时常保有西洋流行的风雅习惯，举办讲座沙龙之类。他们虽然受西方民主自由观念熏染，却并不必然激进到主张革命以革新政府的地步。

这自然而然会被左翼运动树立为对敌，并不主张排队靠边的《现代评论》，就这样被树立为"现代评论派"。

丁西林回忆说"现代评论派"同僚的思想，有些很进步，有些主张改良，有些是右派。《现代评论》的撰稿人也不乏左翼作家。客观而言，"现代评论派"的组成人员左中右皆有，总体的政治倾向属于右翼，但依然是进步的文化组织。这依然是其本质所倡导的自由主义的表现，并不热衷于特定的价值，"不主附和"的独立精神和"不尚攻讦"的研究态度在最大程度上让多样政治观点的文化精英走在一起。以观念讨论观念，国家大计、民生未来本无分左中右，为着同样一个更好的未来。

之后的陈源于1929年出任武汉大学文学院院长，1946年被国民政府任命为联合国教科文组织首任代表，常驻法国巴黎。1965年中法建交，中华民国外交代表被迫回国，陈源依然坚持留守巴黎，被法国警察强行架出领馆。随即辞职，终老于英国伦敦。

火光一现

《现代评论》于1928年12月29日停刊，寿命仅有4年时间。这4年当中，中国发生了"五卅运动"、"女师大事件"和"三一八"惨案，围绕这些事件，"现代评论派"与鲁迅争论不止。一份杂志能在短短4年之中，形成一个派别、产生全国性影响，同动荡的时局有关，同骂战有关，也同杂志本身独特的自由包容原则有关。这似乎也在冥冥之中决定了它的短寿，如火光只闪现在历史一刻。

然而《现代评论》不在了，同有抱负与理想，同有知识与学养的人依然在，只要有可能性存在，他们还会依然坚持上下求索，一直到曙光之中出现期盼已久的中国。只是喧嚣过去，褪下光环，各路豪杰或许会忘记的，是唯有在多样与思辨之中，方可摸索出通途。

新潮：讲究和将就

【刊物档案】

创办时间：1919年　　　　　　停刊时间：1922年

出版地点：北京　　　　　　　创始人：罗家伦，傅斯年，顾颉刚

主要撰稿人：罗家伦，傅斯年，顾颉刚，毛子水、顾颉刚、陈达材、孙伏园。

刊物特色：在《新青年》的直接影响之下出版的、举起伦理革命和文学革命的旗帜，表现鲜明的反对封建道德和封建文学的战斗色彩的刊物。

刊物大事记：

1918年，新潮社在北京大学成立，是北大第一个学生社团；

1918年12月13日，《北京大学日刊》刊登了《新潮杂志社启事》，并公布社员名单；

1919年1月，《新潮》杂志创刊；

1919年，杂志发表胡适白话文新诗《十二月一日到家》；

1919年11月，傅斯年赴英国留学，罗家伦担任主编；

1920年，罗家伦赴美，周作人任主任编辑，毛子水，顾颉刚，陈达材，孙伏园任编辑；

1920年，胡适发表《李超传》；

1922年，杂志出版"一九二〇年名著介绍特号"；

终刊。

初生的新潮社

月刊《新潮》的封面风格简洁而直接，刊名题字文艺清秀，带着学院派的锐气，又略有拘谨。题下是醒目的英文"The Renaissance"，这是欧洲"文艺复兴"的专有名词，《新潮》以它来做英文名，就可大体看出杂志的志向和宗旨了。

这是1916年的北大。北京大学的前身是清末的京师大学堂，那时候它有先进和西学的向往，但灵魂尚且脱不开封建帝国的陈腐之气。辛亥革命之后，1916年，北大迎来之后为各方所熟知的校长蔡元培，蔡校长履新之后对北大进行改革，不带偏见、不依赖裙带录用教员，戴着眼镜的新派学者和穿着长袍的旧式学问家，从此成为这个兼容并包的新大学里最协调的风景。陈独秀、李大钊、周作人，以及26岁年轻气盛的美国博士胡适，都在这个时期登上北大讲台。独立思想和自由精神这个大学立校的根本，正是从蔡元培时代开始刻在中国大学历史和理想追求之中。

在这样振奋一新的校园环境中，蔡元培同时鼓励学生根据个人兴趣爱好和志向组建社团。校道上倡议学生成立社团的告示通知前，驻足围观的是几个正在读大二的学生，这些后来在民国文化和政治界十分"折腾"

的新锐才子就有中国文学系的傅斯年，英国文学系的罗家伦，以及哲学系的顾颉刚。1918年冬天，银装素裹的北大校园里毫无肃杀之气，反而满是蓬勃的活力和锐气，这一天在红楼图书馆里，几位同样大名鼎鼎的前辈蔡元培、胡适、钱玄同、李大钊，指导傅斯年、罗家伦和顾颉刚为核心的学生群体，发起成立新潮社，这便是北大成立的第一个学生社团。

顾颉刚　　　　　　蔡元培

创办杂志成为这个新生社团的首要目标，社团以杂志为宣传和表现平台，杂志则借助社团名流的影响力传播到甚远的地方，这成为民国初年典型的文化景观。新潮社成立之初，就在北大刊物上刊登了《新潮杂志社启事》："同人等集合同趣组成一月刊杂志，定名曰《新潮》。专以介绍西洋近代思潮，批评中国现代学术上、社会上各问题为职司。不取庸言，不为无主义之文辞。成立方始，切待匡正，同学诸君如肯赐以指教，最为欢迎！"预告新潮社的官方刊物即将面世。并由此新潮社初步标明了《新潮》杂志的立场：要有思想见地，要先进和西化。

1919年1月，《新潮》杂志正式创刊。杂志的首届班底中，傅斯年、罗家伦和杨振声出任编辑，干事则由俞平伯等人担任。《新潮》创刊号面世后短时间内就受到读者欢迎，一个月内再版了三次之多。在民初五四运动时期新潮社和《新潮》杂志成为鹊起的各路社团和报纸杂志之中颇具影响力的一角，正是蔡元培时代的北大自由和独立风范的所在。用最勇敢和纯粹的灵魂，追寻人类真理，是大学的本质，而相互争鸣的多样团体和刊物，则让人们在思辨之中越来越接近世界的本来面貌。从这一个角度来说，民国的文化盛景就在此时此刻，过了这个瞬间，多样的自由，思考的独立，就是这么近那么远的理想而已。

讲究和将就

在五四运动和新文化运动之中诞生的《新潮》杂志，最直接的思想源泉在《新青年》。民主与科学，作为先进文化最简洁的核心要义，给这群新锐的北大学子带来思想地震般的震撼效果。这也让我们更加理解了《新潮》杂志封面上的英文名"The Renaissance"，反对桎梏任性的封建道德，提倡以白话文为标志的新式文学，成为《新潮》杂志和同人的核心观念与使命。在杂志创刊号上，同人们发表了创刊词《新潮发刊旨趣书》，说道封建社会"桎梏行为，宰割心性"，文化和学术也在这种环境中枯萎而"块然独存"，它们同"恶劣习俗"一起，都需要坚决反对，同时主张民主思想和解放个性，提倡用"现世的科学思想"引导中国"同浴于世界文化之流"。

旧式道德无非强调君王专制和家长的无上尊严。傅斯年在杂志创刊号上就发表题为《万恶之原》的文章，认为"父子有亲、君臣有义、夫妇有别、长幼有序、朋友有信"的传统中国式家族实际上破坏青年人个性的发展，这篇标题就清晰阐明了立场的文章，因此成为抨击旧式家庭最激烈的代表作。之后顾诚吾也在杂志上发表文章，戳中旧家庭的本质，是无比消沉的出世和物质主义，否认独立人格的存在，却以名利和虚荣为目的。

同时《新潮》主张新式道德，是"自由的，活泼的，理性的，适应的真道德"，还人性以基本尊严。在这一点上，《新潮》引导的思想革命，确然是当之无愧的中国文艺复兴。同封建旧式文化决裂的勇气，也让《新潮》杂志成为新文化运动中的代表刊物。杂志核心成员之一傅斯年曾在给朋友的信中提到，"要改革风气，不要迁就社会——这是我的基本主张"，意在于对于社会积弊不能将就，而要坚持讲究新的先进的文化和制度。讲究和将就之间，足以看到新潮同人的博大气魄，勇气和锐气都非同一般，不是追随潮流的众人可以比拟。

在新文学上则更是形成气候。从第二期开始，由胡适发端，在杂志上发表白话诗《十二月一日到家》，其后几乎每月的《新潮》都刊发白话新诗，其中作者包括罗家伦、叶绍钧、傅斯年和俞平伯等。提倡白话文为核心的新文学运动，也逐步声势浩大。后来胡适赴美安度晚年，提起这段往事也十分满意，他说："当我在一九一六年开始策动这项运动时，我想总得有二十五年至三十年的长期战斗才会有相当结果。它成熟得如此之快，倒是我意料之外的。我们只用了短短的四年时间，要在学校内以白话代替文言，几乎已完全成功了，在民国九年（1920），北京政府教育部便正式通令全国，于是年秋季始业，所有国民小学中第一、二年级的教材，必须完全用白话文。"而《新潮》则在这段急变的历史之中留下了它的新锐身影。

提倡新文化的《新潮》与《新青年》同声同气，与主张维持传统文化的国故社、观点中立的国民社组成三足鼎立的文化景观。在国家的未来和对过去历史的反思上，本来就该是如此多样的视角。而后的历史之中，在战争和统治者的强力修剪下，观点的市场再无此兴旺。

平等：自主与同情

《新潮》杂志难能可贵的一点，在于倡导男女平等，鼓励尊重女子独立人格。

以评述红楼梦闻名于世的俞平伯，曾在《新潮》第二卷第3号上发表一篇小说，名为《狗和褒章》，批判的就是强调贞洁观以至于扭曲了妇女本性的传统女性道德。这篇小说的主人公是一个丧夫的女子，守寡三十多年，只与一条名为"花儿"的小狗相依为命。她克己复礼几十年，就在等贞节牌坊为她立起的一刻，而她看到贞节牌坊的瞬间，她也命丧黄泉一命呜呼了。她就如中了科举的范进，旧时在人们口中反复阐述的做人准则，经过新文化的突出描写，如此昭然若揭本质暴露，成为吃人的礼教。

胡适也曾在杂志发表一篇传记，是专门为一个平凡并且他并不认识的女子所写的真实经历。这个女子名叫李超，青年立志出家门求学，先后在广州公立女子师范、圣神学堂与公益女子师范等学校就读，但她还是不满意，费尽千辛万苦凑齐旅费进入北京国立高等女子师范学校学习。然而同年冬天她一病不起，久医不治，第二年病情恶化死在法国医院。她生前写过许多文章，人们在她的遗稿中得知，她一心离开家去远方求学，其实是迫于家庭逼婚的压力想要不断逃离。封建大家族里，岂能容得下女子如此叛逆，所以断绝了李超求学的全部费用来源，就算如此，李超还是排除万难成行。最终她急火攻心生病而死，则是因为家里不断派来的催促信函。

那时候的胡适已经是北大教授，名声在外，如此身家，花几千字的笔墨为这样一个陌生的平凡女子写传记，是十分罕见的事。对这篇传记，胡适自己解释说，李超"可以用做无数中国女子的写照，可以用做中国家庭制度的研究材料，可以用做研究中国女子问题的起点，可以算是中国女权史上的一个重要牺牲者，可以引发诸多对女子不公的讨论与反省。"芸芸众生之中，普通人的经历反而是最典型和具有代表性的，李超的故事，真实而悲惨，却越因为普通和真实，而越能让人看清悲惨的结局。胡适也说，"我觉得替这一个女子作传，比替什么督军作墓志铭重要得多了。"

　　这也是末代皇帝退位，社会和思想的地震之后，率先提出男女平等的诉求。新潮社以及《新潮》杂志同人，是清一色的才子，没有巾帼英雄的参与，一群男子能够喊出尊重女子独立人格的口号，本来十分难得，足见其思想解放，深受新兴的西方文化的影响。这是中国男女平权思想激辩的开端，以揭露封建贞洁、家长道德本质为开始。然而独立女性的魅力所在，并不是那么容易就为世人所认同，这其实就如任何其他事物一样，权利和尊重的争取，最终依靠的并不是他人同情，而是自觉和自主。在这一点上，《新潮》杂志即便新锐，开天下之大宗，也仅仅是个开端，道路则依然是漫长悠远。

新潮的《新潮》人

　　《新潮》聚集起来的一群作者，用今天的话说，称得上是群星璀璨，阵容强大。留洋、高学历、有思想、有才情、有影响，都是这群人物的文化标签。

　　主要编辑之一罗家伦就是其中的代表人物。罗家伦当年在北大招生考试中，数学得了个鸭蛋，但作文则是满分，并且作文的评分老师就是胡适。几位老师认为应该破格录取罗家伦，而主持录取的校长蔡元培则对此没有任何异议，如此罗家伦虽然成绩不够，但还是顺利被北大破格录取了。这段往事成为北大历史和中国文化史的佳话，后来罗家伦的表现也确然不凡，在北大毕业后赴美，先后在普林斯顿大学和哥伦比亚大学研究院攻读历史和哲学。学成后回国，成为当时的中央大学和清华大学校长。如今南京大学的校训"诚、朴、雄、伟"，就是当年罗家伦提出的。

罗家伦

之后《新潮》核心编辑罗家伦和傅斯年分别赴美国和英国留学，不能照顾编务，所以从第二卷第5号起，杂志编辑改为毛子水、顾颉刚、陈达材与孙伏园，而主编则由周作人出任。至终刊，《新潮》杂志一共出版12期，虽然不多，存世时间也只有两三年光景，但其对新文化运动时代思想、文学领域的影响，则很少有杂志可以与之相提并论。

1922年《新潮》出版终刊号，也是"一九二〇年名著介绍特号"，刊载介绍先进西学，集中在哲学、历史、宗教、心理学、社会学等人文学科，作者则包括罗家伦、冯友兰、汪敬熙、杨振声、何思源、刘光一、金岳霖、饶疏泰、朱经、江绍原与袁同礼。这一期特刊上发表的文章，不仅仅是西方某个学术著作的介绍，也顺带介绍了该学科一整个领域的发展概况，实在是非有深厚学养而不得为之的事。而这群通晓西文原著的作者，则大多有留学经验，每位作者都是其研究领域的专家或是集大成者，算得上是《新潮》杂志作者强大阵容最后一次展示。之后的中国文化舞台上，再难同时聚集起如此多学识扎实又有见地的名流了。

而《新潮》也正是因为大部分供稿人出国在外，许多时候无暇顾及杂志文章发表，加上杂志出版发行的回款不及时，渐渐难以周转，最终在1922年无疾而终，只留惋惜而已。

新青年：少年中国说

【刊物档案】

创办时间：1915年　　　　　停刊时间：1922年

出版地点：上海　　　　　　创始人：陈独秀

主要撰稿人：陈独秀、胡适、鲁迅、周作人、易白沙、李大钊、傅斯年等。

刊物特色：积极宣传民主与科学，提倡新文学的综合性文化杂志。

刊物大事记：

1915年9月15日，《青年杂志》由陈独秀在上海创刊；

1916年2月5日，第1卷第6号后因护国战争停刊7个月；

1916年9月1日，《青年杂志》更名《新青年》复刊；

1917年1月，《新青年》杂志移师至北京编辑，但出版仍在上海；

第2卷第5号发表胡适《文学改良刍议》，反响巨大；

1917年8月，《新青年》出齐3卷后因"不能广行，书肆拟终止"停刊；

1918年1月15日，复刊，由李大钊、钱玄同、刘半农、胡适、沈尹默、高一涵、周树人轮流编辑；

5月发表鲁迅《狂人日记》；

1920年，《新青年》从第8卷第1号改为中国共产党机关宣传刊物；

1921年2月，上海法租界巡捕查抄新青年社，刊物从8卷6号起转入地下编辑，由陈望道等人编辑；

1921年9月，陈独秀再度出任主编，只出一期后停刊；

1922年7月，终刊。

陈独秀与《新青年》的少年时代

《青年杂志》创刊于1915年的上海，这一年是中华民国成立第三年，也是清帝国末代皇帝宣统退位后的第三年。旧的时代、苍老的时代带着闪亮文明亦带着蹒跚步履，崩裂开来。《青年杂志》的诞生，正是这翻云覆雨的时代里，潜力无限的中国青年的开场演出。

杂志创刊号封面下方标明的"群益书社"，是陈子沛于1907年在上海创建的出版社。如今陈独秀依然是明星历史，而群益书社则已被洪流淹没。然而世人不应忽视和遗忘之处在于，陈独秀办杂志的愿望正是借群益书社的母胎而落地生根的。1913年的陈独秀尚因讨伐袁世凯的"二次革命"而在上海滩亡命，虽然空有创办杂志启蒙大众的想

法，眼下却力所不能及。经朋友介绍，群益书社的掌门陈子沛、陈子寿兄弟同意办《青年杂志》，月付稿酬200元。

在此之前的陈独秀，在青年时代曾考中晚清秀才，进入杭州中西求是书院，接受的是近代西方先进文化与知识，不到两年就因为有反清言论被书院开除，可见陈独秀的叛逆精神，从求学时代就外显得淋漓尽致。之后更是因为进行反清言论的宣传活动而受到清政府通缉，不得不逃亡日本。在日本陈独秀进入东京高等师范学校继续学业，1907年进入早稻田大学。陈独秀学业完成时正值辛亥革命爆发不久，他出任安徽省都督府秘书长。"二次革命"之后，直到1915年，喜欢"折腾"的陈独秀从政坛跨进文化界，终于创办起"搅乱"了民众思想世界的《青年杂志》。

陈独秀

1916年《青年杂志》改名为《新青年》。改名缘起于一桩"投诉"。这年夏天群益书社收到上海青年会的来信，认为《青年杂志》与他们的刊物《上海青年杂志》雷同，要求群益书社改名，以免日后混淆而引起争执。陈子寿建议改为《新青年》，立即得到陈独秀赞同。自第2卷起，《青年杂志》正式更名《新青年》。从这个意义上讲，陈子寿及群益书社也算是《新青年》的命名之父了。

《新青年》杂志的诞生，天时地利人和，终究是得益于这个时代伸出的援助之手。思想革命的重任，总是不早不晚，恰逢其时地落在某个豪杰身上。他要锐利，勇敢，新派，有些学养，最重要的是要有跟天地叫板的反叛气魄，从这说来，陈独秀是真真合适担任这项任务的人，时代造就英雄，英雄也改变着历史的脉络。

德先生与赛先生

在《青年杂志》创刊号上，陈独秀撰写了著名的杂志创刊词《敬告青年》，"准斯以谈，吾国之社会，其隆盛耶？抑将亡耶？……予所欲涕泣陈词者，惟属望于新鲜活泼之青年，有以自觉而奋斗耳！"这段很有同侪劝解般激愤感的文字，呼吁华发泽容的中国青年，勿念科考做官发财，而应当倾尽全力达到独立人格、自力幸福进而贡献社会的境界。如此振聋发聩的劝解，还是清末民初的第一次，在此之前，无论是反清还是革命，无论是西学还是实业，极少有人叫醒沉睡之中的中国人，应当养成独立自主而有个性的人格。或许只有叛逆的陈独秀切肤感受得到，未来的中国，唯有人人都成为一个个独立的人，才有争鸣、进步以致革命。

之后在杂志更名后，陈独秀在《新青年》第一期上也发表了发刊词，具体阐明了"新青年"的标准：生理上身体强壮；心理上是"斩尽涤绝做官发财思想"，而"内图个性之发展，外图贡献于其群"；以自力创造幸福，而"不以个人幸福损害国家社会"。以现在的视角看来，这样的"新青年"确然是现代社会的合格公民，也是一个走上坡路的国家所应该有的气象。而这个标准，直到如今都很有借鉴价值。

在这之中，陈独秀和《新青年》用以"造反"的两把利剑，左手"民主"，右手"科学"。因为英文分别是"democracy"和"science"，所以被陈独秀称为"德先生"和"赛先生"，也有人称"德谟克拉西先生"和"赛因斯先生"。民主和科学之所以成为《新青年》以至于民初五四运动、新文化运动的思想核心，在于陈独秀及时人阅读西方历史，总结近代欧洲强盛的发展道路，发现欧洲从中世纪的封建社会走向现代繁荣国家的过程中有两只推手，一个是人权，一个是科学。天赋人权、独立自主的普世原理，从思想到建制，是民主国家诞生的过程。进化论则破除有关神和神权的迷信与想象，也强力作用在人的思想世界之中，在推动技术和经济繁盛的同时成为现代国家站立起来的基石。

陈独秀对西方历史脉搏的把握十分准确，使得德先生与赛先生在中国瞬间成为思想地震的核心，启蒙与现代化成为历史的主要课题。

思想的地震

由《新青年》引发的"民主"与"科学"的思想地震，震中在北京大学。1916年蔡元培出任北大校长，兼容并包的北大聚集了民国初年各路思想文化精英。带着西学范儿的胡适，穿长袍马褂的刘文典，横眉冷对千夫指的鲁迅，才气十足的刘半农，后来改变历史格局的笔名"二十八画生"的巨子毛泽东。蔡元培聘任陈独秀为北大文科学长，当时北大没有副校长职务，最重要的是文科、理科和法科，三科各设学长，又因为文科是北大最专精的领域，所以文科学长的地位仅次于校长，可见蔡元培对陈独秀十分器重。

　　蔡元培同时邀请陈独秀将其主编的《新青年》带到北京来办，出版仍留在上海群益书社。自由而独立的北京大学和多样的各路学界精英使得《新青年》从此成为多样思想争鸣的阵地，启蒙的震波也开始成为全国现象。

　　他们不仅革了封建礼教的命，也从文字开刀，倡导新文学。1917年胡适发表《文学革命论》，开始大力提倡白话文，用亲近口语的白话文来促使新文学的形成。这极具颠覆意义，因为白话文学的普及，打破了精英阶层同草根民众的界线，从此人人都可以写文抒意，从而增加了文学创新的无限可能性。在《新青年》上，胡适发表了中国第一首白话诗："两个黄蝴蝶，双双飞上天。不知为什么，一个忽飞还，剩下那一个，孤单怪可怜；也无心上天，天上太孤单。"这首诗在现代的我们，外行的我们看来用词略有蹩脚，然而这首诗除了用接近口语的白话文之外，节奏韵律齐全，平仄押韵基本按照五言律诗的体例，所以是"新瓶装旧酒"的佳作。新文学和旧古体的碰撞，在这首诗中展现得十分完全。

　　由这首诗开端，新派文人纷纷用白话文做新体诗、写小说散文，《新青年》自然是其中的重要阵地。周作人的《人的文学》，鲁迅著名的《狂人日记》《孔乙己》《药》最初都发表在《新青年》上，其中《狂人日记》也是鲁迅所写的第一篇白话小说。文学成为利刃，直刺"吃人的礼教"，斩断束缚青年精神的枷锁。少年强则国强，少年之强在思想启蒙，而亲近最广大平民的白话文，带着新锐的思想内涵，转瞬间传播到最遥远的角落，比任何流血革命的影响都更为广远。

　　然而树大招风，高处不胜寒，尤其是叛逆和反抗，总是同反对和攻讦相伴而生。《新青年》锋芒毕露，热心参与政治、钻研政治学说与理论的陈独秀自然为各对立派攻击。1919年，备受压力的北大校长蔡元培不得不以生活作风问题为理由，废止北大的学长制度，让陈独秀较为体面地自己离开北大。

这也成为《新青年》的一个重要转折点，从此杂志的注意力逐渐转向劳工阶级和马克思主义。这一年李大钊在《新青年》上发表《庶民的胜利》，是为第一次向中国系统介绍马克思主义。之后在中国天翻地覆的江山容颜，正是从这一刻开始。今后的世界，人人皆为庶民，劳工是主宰。

这一年的5月4日发生了震撼中国近代历史的五四运动。不满"一战"不平等和约而由青年发起的自强抗争，瞬间蔓延全国，牵涉各行各业的社会动员。青年学生与长期处在社会底层的工人，第一次有了力争自由、自主的意识，以及为民族与国家献身的行动。《新青年》思想启蒙的愿景，终于落地为人人参与的行动。从这来说，《新青年》虽然离开北大这一阵地，但其影响之深远，已经无法用尺衡量，只留我们在历史的洪荒面前暗自赞叹了。

李大钊

隐没的明星

陈独秀与群益书社的合作一直持续到1920年《新青年》第7卷出刊。杂志发行不断扩大，利润也今非昔比。此刻文人与商人，"启蒙"与"经营"之间的矛盾也逐渐凸显，却又历来难以调和。这一年，第7卷第6号为劳动节特刊，篇幅较平时增加一倍，商人要求加价，文人则认为读者既然是社会底层，就该体谅其经济能力而不能随意加价。争执激化，陈独秀动了独自办刊的想法。他致信胡适道："一日之间我和群益两次冲突。这种商人既想发横财、又怕风波，实在难与共事，《新青年》或停刊，或独立改归京办。"随后《新青年》与群益书社之间的合约不再续签，这年9月的第8卷第1号杂志特发启事，说明："本志自8卷1号起，由编辑部同人自行组织新青年社，直接办理编辑印刷一切事务。"

然而杂志的日益"左"倾也并非北京同侪所愿。胡适等人不愿坐看一时无二的杂志演变为单一赤色，便提出"不谈政治"的主张，"《多研究些问题，少谈些主义》"，而重归思想和文化的多样探讨，否则宁愿解散。而钱玄同则认为《新青年》团体本身就是多元思想兼容并包，绝没有因为意见相悖而解散的道理，如果无法相容，可以自己离场，怎可要求全部人解散。

裂痕终于浮上表面。1920年12月，陈独秀赴广州，《新青年》杂志逐渐脱离北京同人，随后主编易为陈望道。陈独秀投身共产主义运动，为当局通缉，积极于苏俄劳工现状与马克思主义的《新青年》杂志亦在查抄之列。1921年陈独秀被捕，1922年《新青年》最终难逃停刊命运。

1923年《新青年》季刊在广州出版。《新青年》已不再是当年各路精英抨击封建陈腐文化与文学的竞技场，此刻已是中共中央机关理论刊物，纯粹政治性质，主编为瞿秋白。创刊词中写道："真正的解放中国，终究是劳动阶级的事，所以新青年的职志，要予中国劳动平民以知识的武器。新青年乃不得不成为中国无产阶级革命的罗针。"

《新青年》以民主与科学观念的启蒙为开端，渐入文学革命。它是历史的起因也是结果，独具魅力，是民国初年的璀璨所在，却也终究因为历史而慢慢蒙上尘埃，余人空叹良辰美景，奈何缘浅。

新月：文艺的态度

【刊物档案】

创办时间：1928年　　　　　　停刊时间：1933年

出版地点：北平　　　　　　　创始人：胡适

主要撰稿人：徐志摩、闻一多、饶孟侃、梁实秋、叶公超、潘光旦、罗隆基、胡适、邵洵美、余上沅等。

刊物特色：探讨新体格律诗和国剧运动的文艺月刊。

刊物大事记：

1927年，新月社成立新月书店；

1928年3月，杂志创刊；

1931年11月，徐志摩遇空难身亡；

1933年6月，杂志停刊，新月书店由商务印书馆接收，新月社解散。

新月初升

　　《新月》月刊的封面极为简洁，但却极富张力，如新生之月具有力量和朝气。1928年3月，《新月》月刊创办于上海。但在这之前成立的新月社，诞生在1923年的北京。1927年众人一同创办新月书店。更早的"新月"是大名鼎鼎的印度诗人泰戈尔的诗集《新月集》。

　　那天晚上北京的协和小礼堂里，全场灯光暗下来，幕布打开，舞台上一个穿着印度古装的曼妙少女，边舞动身姿边仰望着布景上的月亮。这个迷倒了全场的美人就是林徽因，正在表演的戏剧就是泰戈尔的名剧《齐德拉》，台下坐着的一个长须冉冉的老人，便是刚刚到中国访问的印度诗人泰戈尔。

徐志摩

　　对20世纪二三十年代的中国诗坛以至文坛都产生重大影响的新月社及《新月》月刊，最初就是创办人之一徐志摩以泰戈尔的《新月集》来命名的。那时候的徐志摩刚从国外学成归来，风华正茂、年轻气盛。他先后在美国和英国学习，在剑桥大学受到浪漫主义和唯美主义的熏陶。回国后发表许多诗文，以文会友，结识了一批在文学上十分"气味相投"的朋友，如梁启超、胡适、丁西林、林徽因，算得上是当时文化界的"半壁江山"。他们先是经常聚餐交流，后来发展成为俱乐部，新月社的成立也是顺水推舟之事了。

　　1923年蔡元培、梁启超和胡适代表中国知识界向泰戈尔发出邀请，诚盼诗翁访华。1924年4月泰戈尔访华最终成行，他乘船到达上海。说着一口漂亮英文的徐志摩陪伴泰戈尔做他的随行翻译，他们随后乘火车到达北京。在车站迎接他们的是一众中国文化名流，不仅有发起人蔡元培、梁启超和胡适，还有蒋梦麟、梁漱溟、辜鸿铭、林长民等。在天坛举行的欢迎会上，泰戈尔走进会场，两边分别是徐志摩和林徽因，郎才女貌，泰斗级的忠厚长者，是民国文化历史上华丽空前的一个瞬间。

泰戈尔在中国的演讲也十分值得一提，即使是即兴演讲，也能看出泰戈尔作为东方社会的一员，对中国社会和民众的希冀："现在，当我接近你们，我想用自己那颗对你们和亚洲伟大的未来充满希望的心，赢得你们的心。当你们的国家为着那未来的前途，站立起来，表达自己民族的精神，我们大家将分享那未来前途的愉快。我再次指出，不管真理从哪

方来，我们都应该接受它，毫不迟疑地赞扬它。如果我们不接受它，我们的文化将是片面的、停滞的。科学给我们理智力量，它使我们具有能够获得自己理想价值积极意识的能力。"

现场的演出就是那部《齐德拉》，演员所说对白全部是英文。演员演得好，台下观众也看得懂，算是水平极高的一次演出。而台上的新月社社员林徽因所扮演的"望月"形象，让人们深刻地记住了新月社。

之后泰戈尔在徐志摩的安排下游览了东部沿海的名胜古迹，之后二人又一同东渡日本。这次在日本的旅行途中，徐志摩写下了那首著名的《沙扬娜拉·赠日本女郎》："最是那一低头的温柔，像一朵水莲花不胜凉风的娇羞，道一声珍重，道一声珍重，那一声珍重里有甜蜜的忧愁——沙扬娜拉！"是新月社面世、泰戈尔访华一连串事件之中，最富浪漫主义的结尾。

新月诗人

在《新月》诗刊上发表诗作的作者，大多从欧美国家留学归来，对国外文学都多少有所研究和接触。他们在诗作中大多表现出同样的浪漫的审美特质，而对政治和天下大事较为冷感，对待文学的态度也是希望文学与政治分开。这样鲜明的自由主义风格形成了新月派诗人这样一个文学流派。诚然，自由主义文学和观点，照现在看来，总是争议不断而多被历史一笔带过的。然而，主义之别终究只是视角有差，路途有异，最终我们或许站在同样的高度上，回望同样的执着给历史带来的推动力量。

孙大雨

孙大雨就是新月派的代表人物之一。他可能没有徐志摩、林徽因和胡适那么大名鼎鼎，也没有那么多花边新闻和绯闻逸事让后世津津乐道，但他对中国文学的贡献可是并不逊色的。孙大雨青年时代在美国达德穆文学院和耶鲁大学研究院学习，专攻英国文学。1930年回国后，历任武汉大学、北京师范大学、北京大学、浙江大学和复旦大学等高校的英国文学教授。他最耀眼的成就莫过于翻译了八部莎士比亚戏剧，其中就有"四大悲剧"《李尔王》《哈姆雷特》《奥赛罗》和《麦克白》，还有喜剧《威尼斯商人》以及著名的《罗密欧与朱丽叶》《冬日故事》《暴风雨》。论起数目来可能没那么"著作等身"，但孙大雨所作的翻译，稳扎稳打不浮躁，加上他在国外学习多年英国文学，所以他的翻译质量极高，力图突破中文和英文间迥异的发音和语法，还原莎士比亚戏剧中古典英文的神韵和韵律之美。此外他还有将屈原、潘岳、刘伶、陶潜、韩愈等中国古代诗人的诗作翻译成英文，在英文中保留中文古体诗的格律情怀，亦是件难以做好的事。

孙大雨1919年就开始发表诗作，那时候他还在清华大学读书没有出国留学。同窗好友朱湘、饶孟侃和杨世恩也都爱写诗，又因为四人分别自号子潜、子沅、子离和子惠，所以被人称为"清华四子"。后来四人又都加入了新月社，所以也被称为"新月四子"。"天地竟然老朽得这么不堪！／我怕世界就吐出他最后／一口气息，无怪老天要破旧，／唉，白云收尽了向来的灿烂，／太阳暗得象死亡的白眼一般，／肥圆的山岭变幻得象一列焦瘤，／没有了林木和林中啼绿的猿猴，／也不再有月泉对着好鸟清谈……"透过孙大雨一首《决绝》，可以看出他对格调韵律的把握。

生活中他是个十分有个性的教授，对自己的作诗水平很自负，别人写的诗都不入他的眼，即便是新月派同人。传说他经常在自己的课堂上抄一节闻一多或者徐志摩的诗，然后连呼"狗屁"，接下来又抄一节自己的诗，自我沉醉，欣赏一番后才缓过神来，重新开始上课。

另一位同样可能不那么闻名遐迩的新月派诗人是罗隆基。他早年先后在美国威斯康辛大学和哥伦比亚大学攻读政治学，后来赴英国伦敦政治经济学院，获得政治学博士学位。这一份学业履历十分漂亮，都是欧美世界名校，足见其能力。他学成回国后创建了中国民主同盟，而如今民盟依然存在，是中国现有的民主党派之一，成员主要是文化教育工作领域的社会精英。罗隆基领

罗隆基

导过五四运动，他反对国民党政府一党专制，在抗日战争期间竭力扩大民族民主革命，这些社会运动经常让他受到国民党当局的通缉和威胁。他是《新月》月刊诸位联合创办人之一，也担任过杂志主编。走上从政道路，

让他称为新月派同人之中较为独特的一个；而站在共产党一边，也让他在倡导自由主义的《新月》上更为特别。新中国成立之后，自1957年始，罗隆基被划为右派，被称为仅次章伯钧的"中国第二号右派"，这顶帽子至今他还戴着，即便人已作古。

梁实秋

梁实秋也是新月派代表人物之一，当然，相对以上两位，梁实秋显然更加有名。他也在美国完成学业，回国后在当时的国立东南大学（南京大学前身）和国立青岛大学（山东大学前身）担任外文系主任。他写得一手出彩的散文，同时也是中国第一个研究莎士比亚的权威。他的文学态度就十分自由主义，他认为文学就是文学，没有阶级性可言。文学不能被当作政治的工具，思想统一是有害的，而呼吁思想自由。这样的文学观点引发了他同左翼文学的骂战，自然最具代表性的莫过于鲁迅。梁实秋批评鲁迅翻译国外作品是"硬译"，也反对鲁迅翻译和倡导的苏俄"文艺政策"；而鲁迅骂他是"丧家的资本家的乏走狗"，毛泽东也说他是"为资产阶级文学服务的代表人物"。笔战随着鲁迅的去世而自动停止，且不论这场笔战究竟谁对谁错。梁实秋在哈佛大学读书时受到新古典主义的影响，因此在文学上，他认为需要根植于人性，理性和节制是衡量文学作品的标准，而文学家则应该保持自由独立的人格。这样的观点在当时的文坛是十分独特的。

梁实秋加入新月社之后称为"新月派"之一，他同胡适和徐志摩是很熟的朋友，梁实秋和徐志摩管胡适叫"大哥"。新月社在1931年徐志摩空难身亡后活动慢慢稀疏，《新月》杂志也在1933年6月停刊，新月社宣告解散。之后他们这几位老友各自走在不同的事业路途之中，联系慢慢少了。

诗的艺术，文艺的态度

闻一多

新月派同人各自有各自的性格，并且术业有专攻，对中国文化产生的影响各有不同。而新月派整体作为一个流派，则是文化史上的重要一笔。

五四运动之后随着思想逐渐解放、白话文逐渐普及，新兴自由诗人在诗作上往往过于强调自由，而具有散文化和滥情主义倾向。在这种背景下，新月派主张新诗也要讲究格律，提倡用理智节制情感的抒怀。新月派诗人大多在欧美受过较为严谨的教育，对文学从用词到抒情都有所规训，正如有人评价孙大雨："十四行诗是格律最谨严的诗体，在节奏上，它需求韵节，在键锁的关联中，最密切的接合，就是意义上也必须遵守合律的进展。孙大雨的三首商籁体，给我们对于试写商籁，增加了成功的指望。因为他从运用外国的格律上得着操纵裕如的证明。"所以对五四运动之后文学解放的"矫枉过正"现象有所纠正。

其中较为著名的是新月派同人之一闻一多提出的"三美"主张，这是他在文章《诗的格律》中提出的理论。"三美"即音乐美、绘画美和建筑美。音乐美是指每节的韵脚和音节，韵脚最好是各不同的，音节上则要读起来富有节奏感，抑扬顿挫，即便脱离了传统古诗的格律，也要有所讲究，使得诗读起来朗朗上口；绘画美是指诗歌的用词，辞藻优美是最好，选词要色彩鲜明，形象生动，才不至于让诗歌过于干涩、不够立体；建筑美则指整个诗的构架，节与节、句和句之间要整齐有规划。徐志摩在《诗刊弁言》中写道，"完美的形体是完美的精神唯一的表现"，可见新月派对诗歌形式的重视。

后来的新月派则更多提倡"健康"和"尊严"，但依然坚持诗本身就是诗，是一种纯粹的文学和抒情。与政治冷感、超越功利之心、不论阶级，新月派在"笔伐"和"声讨"盛行的年代里，更多表现出对文学本质的思考，虽然文学依然被"主义"们赋予"主义"，但自由主义和独立的倡议本身，已然是当时文坛和现代文化史上难得的声音。

当然，伴随《新月》发表的政论性文章增加，新月派也从文艺的角度对时事表明了自己的立场。最开始新月派倾向于反对封建军阀。虽然新月派成员构成比较复杂，思想不尽相同，但他们都同样表现出偏右的政治态度，比如反对共产党领导的革命运动，反对马克思主义理论和苏联社会主义。在《新月》上，罗隆基曾经发表《论中国的共产》，在文中把国民党和共产党视为"一丘之貉"，同时明确表示反对共产党领导的工农革命运动，"希望国民党剿共尽早成功"。

虽然在态度上站在国民党一方，但《新月》也曾探讨过人权和约法问题，对国民党一党独裁和限制新闻言论自由的政策多有诟病。虽然如此，《新月》和新月派在本质上还是被认定为自由主义的右派，因此而被进步的革命文学阵营批判，被批评为"为艺术而艺术"，形式主义，中庸颓废，文字缺乏深刻的社会意义、社会责任感和社会担当。

　　打江山的都希望一切都变成锋利的武器，即便是一颗温柔的稻草和与世无争的山泉；守江山的都希望磨光所有思想的锐利，即便是天赋人权的自由。思想的争论本没有对错可言，只看百年之后身处和平年代的我们，能否擦去偏见和傲慢的尘埃，睁眼看清百年前的各路英雄豪杰为我们共同拥有的国家的历史所作的贡献。

宇宙风：颠沛流离的云游

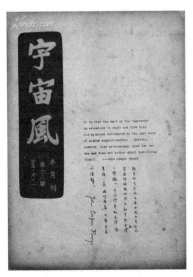

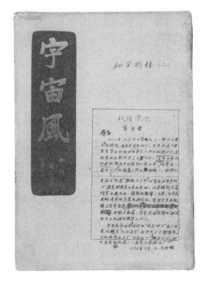

【刊物档案】

创办时间：1935年　　　　　停刊时间：1946年

出版地点：上海　　　　　　创始人：林语堂

主要撰稿人：林语堂、俞平伯、丰子恺、郭沫若、周作人、老舍、郁达夫、谢冰莹、冯和仪、许钦文、徐舒、施蛰存等。

刊物特色：属于"论语派"的资产阶级文艺刊物。

刊物大事记：

1935年9月，在上海创刊；

1938年5月，因抗战迁往广州；

1939年5月，迁往香港，在桂林设分社；

1944年，迁往桂林；

1945年6月，迁往重庆；

1946年2月，迁往广州，出终刊。

活八仙

半月刊《宇宙风》由"幽默大师"林语堂创办于1935年9月的上海。此前林语堂主编的著名杂志《论语》，与其后诞生的《宇宙风》，连同林语堂主编的另一本《人间世》，一起成为小品文三大名刊。

显然，既然能"相提并论"，三本杂志的风格和本质是极为相似的。20世纪30年代林语堂提出"幽默"的概念，并随着三本杂志的风行而逐渐成为当时文坛的新时尚。

诚然，区别还是有的。《宇宙风》的创刊号上并没有发刊词，但林语堂在开篇写了两篇短文，多少说明了杂志的理念。第一篇是《孤崖一枝花》："想宇宙万类，应时生灭，然必尽其性。花树开花，乃花之性，率性之谓道，有人看见与否，皆与花无涉。故置花热闹场中花亦开，使生万山丛里花亦开，甚至使生于孤崖顶上，无人过问花亦开。香为兰之性，有蝴蝶过香亦传，无蝴蝶过香亦传，皆率其本性，有欲罢不能之势。"这说的是写文章就如一枝花的盛开，无论开在悬崖上还是花场中，无论有没有人眷顾，它盛开的本性是不变的。换言之，文字需要顺应人自己的本性，无论天塌下来还是改朝换代，"率性"的生活才是实实在在的事物。这同当时提倡的文学具有阶级性，文字是刀枪，要直指社会弊端和政府黑暗是相反的自由主义。

第二篇是《无花蔷薇》："杂志，也可有花，也可有刺，但单叫人看刺是不行的。虽然肆口谩骂，也可助其一时销路，而且人类何以有此坏根性，喜欢看旁人刺伤，使我不可解，但是普通人刺看完之后，也要看看所开之花怎样？到底世上看花人多，看刺人少，所以有刺无花之刊物终必灭亡。"这是更加具体地说《宇宙风》杂志的理念，说办杂志就像蔷薇一般，蔷薇带刺，但欣赏蔷薇的人，眼中看到的是带刺的花，而不是刺本身。如果蔷薇没有了花只剩下刺，试问还会有人欣赏蔷薇吗？或者说，还会有人把它当作蔷薇、当作美丽的花朵来欣赏吗？同样，一本杂志的"刺"是指它锋芒毕露的批判文风，虽然能在短时间内吸引读者目光，但终究会像"无花蔷薇"一样，失去了杂志本身的文学之美而走样，以致逐渐消逝。

随和的生活态度、保持文学之美，大概就是林语堂通过这两篇小品文想要表达的《宇宙风》理念。正如《宇宙风》的杂志封面题名三字一样，十分潇洒飘逸。林语堂觉得"人生一舞台，天地大戏场"，而"中国社会、政治、教育、时俗，尤其是一把戏"，用看戏的心态去观察世界和社会现象，带着幽默以小品文的形式来记述，这样新颖的文学和世界观，在当时产生社会热议。而林语堂和《论语》及《宇宙风》的撰稿人，也被通称为"论语派"，以至于有了"论语八仙"一说，指的是经常在这些小品文杂志上发表文章的八位作者。当时上海有一本《逸经》杂志，发表一篇名为《新旧八仙考》的文章，如是说："林语堂氏提倡幽默，他办《论语》，风靡一时。世人以在论语上常发表文字之台柱人物，拟为八仙，林氏亦供认不讳。"

林语堂也确然是"供认不讳"的，他在《宇宙风》创刊号上提到："本日发稿，如众仙齐集，将渡海，独何仙姑未到，不禁怅然。适邮来，稿翩然至。"这段说得很有意思，说他今天要发刊了，台柱子作者们的稿件都到了，就差"何仙姑"了，人不齐，所以觉得有点失落，结果刚才邮件进来，原来是她的稿子到了。"吾人虽知有'新八仙'——或'活八仙'之说，而究悉诸仙尊姓大名，至去今夏，林氏将赴美，其漫画杂志始有《八仙过海图》，即摩登新八仙也。所拟为吕洞宾——林语堂，张果老——周作人，蓝采和——俞平伯，铁拐李——老舍，曹国舅——大华烈士，汉钟离——丰子恺，韩湘子——郁达夫，何仙姑——姚颖。此新八仙题名录，亦近年来文坛佳话也。"这就是林语堂以"官方"形式叙述的"新八仙"，他们都是经常为《宇宙风》以至《论语》、《人间世》供稿的作者，可以看到这个群体包含的都是当时文坛的著名作家、文化大家。

这样新颖的内容方向，再加上明星作家阵容，《宇宙风》的销售量在诞生之后逐步攀升到4万5千以上，荣登杂志销售榜第三，仅次于《生活》的12万份和《东方杂志》的8万份。左翼作家的代表鲁迅当年批判写言之无物的论语派，说《宇宙风》这样的小品文杂志"本是麻醉晶，其流行亦意中事，与中国人之好吸鸦片相同也。"《宇宙风》和论语派也时常为官家历史所不齿，但除去有色眼镜，杂志的贡献和地位并非鲁迅一句话可以全盘否定，而这话是否多多少少有点酸味，看官自有明断。

画里的家国人生

自《宇宙风》创刊开始，丰子恺就为杂志供稿漫画作品，一直到杂志终刊都没有中断，始终"不离不弃"，也是文化史上很少见的现象。

丰子恺

丰子恺最为人所知的身份是漫画家，画风十分鲜明具有辨识度。但丰子恺其实在诸多领域都有所贡献，他同时是散文家、文学家、美术和音乐教育家，文学、音乐、美术这三样艺术通吃，可见天赋和造诣非一般人可以企及。

丰子恺早年师从李叔同，就是那位写出"长亭外，古道边，芳草碧连天"，后来出家成为著名的弘一法师的李叔同。后来丰子恺赴日本求学，专攻绘画、音乐和外语。回国后先后在几所高校教授美术。1924年起丰子恺开始在报刊上发表画作，并以"漫画"为题头，从这里中国才开始有了"漫画"这个名称。

其后，丰子恺逐步为人所知，他的文笔和画风都十分恬静，给当时的文坛和美术界带来清新感。1935年《宇宙风》创刊之时，丰子恺已经很有名气。那时候的丰子恺刚在浙江石门镇建起他的居所"缘缘堂"，这座

后来成为著名的丰子恺故居的缘缘堂，名字的由来十分有趣：之前丰子恺同
老师弘一法师住在一起的时候，有一次丰子恺在小方纸上写了许多自己喜欢
且可以相互搭配的文字，团成小纸球，撒在佛祖释迦牟尼画像前的供桌上，
拿两次阄，结果拿起来的都是"缘"字，遂起名为"缘缘堂"。丰子恺在刚
刚落成的居所里，春风得意，生活淡然，安心创作文字和漫画。

　　这段时期也是丰子恺的作品丰收期，他自己曾经说："每期我从杂
志上撕下发表稿来，塞在一个竹篮里，向来没有工夫去回顾，最近偷闲打
开竹篮看看旧稿，发现很厚的一叠！"也就在这个时期，从《宇宙风》创
刊起，丰子恺就在这本杂志上连载名为"人生漫画"的画作，每期不同主
题，但都是同样的四格画作。第一期是"新夫妇四题"，第二期是"旅客

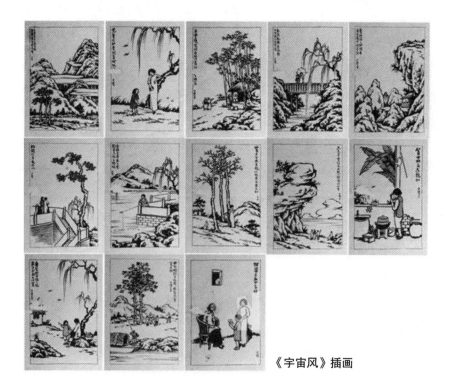

《宇宙风》插画

四题"，第三期是"劳动者四题"，以后便是商人、医生、文盲、画家、
儿童、爱国青年、家庭、卫生家、宾主、春人、诗人、少女、苦力、摩登
女、青年、蚕桑、不合作、婴儿裸体、邻人，最后一幅则是独特的"杀风
景四题"。这一系列漫画说的是人生百态，但这些漫画的幽默与淡然、犀
利与深刻却是始终如一的。24期漫画，正像是24色水彩笔，各有各姿态，

却画出同·个时代、故事和心境。

在发表漫画之后，丰子恺的画作则直接出现在《宇宙风》的封面上。你若走在20世纪30年代的街道上，路过街头巷尾的书报摊，大大小小的杂志上满是魅惑性感的封面女郎，或者温婉艳丽的月份牌美人，这一刻的《宇宙风》封面，就显得尤其特立独行的清新。丰子恺为《宇宙风》所作的封面画以山水为主，较漫画比起来篇幅变大，颜色也由单色变为彩色，很是具有超然美感。这一时期有名的封面画作有《满地封侯》、《嗟之食》、《放风筝》、《旱灾图》等。

抗战爆发后，丰子恺发表在《宇宙风》的画作多添了一分抗日的激愤之情，典型如《是可忍孰不可忍》《睡狮初醒》《失地儿童爱国心》《狼人中原人流离》《何处从军女》《战苦军犹乐，功高将不骄》《豫藏花雕酒，为君祝凯旋》，从漫画题目上就可以看出丰子恺希望以"抗战漫画"唤醒世人的爱国心和民族心而奋起抗日。如他所说，"我虽未能真的投笔从戎，但我相信以笔代枪，凭我五寸不烂之笔，努力从事文画宣传，可使民众加深对暴寇之痛恨。军民一心，同仇敌忾，抗战必能胜利。"

八年抗战，丰子恺自己也颠沛流离，不断逃亡。从缘缘堂所在的浙江逃出，经过长沙、汉口到达桂林，之后又赴遵义、重庆。无论何时何地，丰子恺坚持为《宇宙风》提供画作，而《宇宙风》也在战火四处蔓延的紧迫年代里努力喘息。到抗战末期，当年繁盛一时的《宇宙风》作者群里，依然与之相伴的就只有丰子恺了。真是"当时共我赏花人，检点如今无一半"。

1947年8月《宇宙风》出刊最后一期，丰子恺也为杂志画了最后一幅画《玉骢惯识西湖路，骄嘶过沽酒楼前》，刊载在封面上。

颠沛流离的云游

历史是大世界的历史，时代是成千上万人的时代。置身当下的我们，或许并不如我们读历史一般，能感受到变迁带来的天翻地覆，然而每个人、每份报纸杂志都是所谓大历史和大时代的组成部分，是每个细微的人和家的变化汇聚成国家的变化。而同时，历史的变迁则能将所有人卷入其中，想逃是逃不得的。也就是说，一个人抑或是一本杂志悠长的成长历史，是这个大时代脚步的缩影。历史也由此变得具体可触。

《宇宙风》杂志在抗战爆发后的搬迁史，正是大时代大历史的微缩版。相较《论语》和《人间世》两本小品文杂志，《宇宙风》的历史很特别。《论语》杂志在抗日战争开始后即停刊，战后复刊，但前后始终在上海出版。《人间世》则很短命，1934年4月创刊，1935年12月即停刊，存世时间只不过一年多一点儿，一共只出版了42期。《宇宙风》则在战时过上了颠沛流离的云游生活。杂志社尚在上海时期，因为战争，出版和发行都受到影响，经常无法保证这期面市后，下期是否还有保障。另一方面，主编林语堂因为落选国民政府立法委而决定定居美国，远赴重洋之前把《宇宙风》编务交给三兄林撼庐。其时杂志另一位编辑陶亢德对林语堂的见解和做法颇有不满，时局和内务、拉力和推力合起来，原来的《宇宙风》分出了《宇宙风乙刊》。前者由林语堂的兄弟负责，同时为了躲避战乱而迁出上海；后者则由陶亢德主办，仍然留在上海。

从上海仓皇避难的杂志社最先搬迁到广州，这是1938年5月间。杂志在一时平安的广州出版了10期内容；一年之后的1939年5月又迁到香港，同时在桂林设置了分社，杂志社在香港编辑排版，在桂林印刷出版，其间共出刊近30期；1944年编辑部从香港迁回桂林，出版了第106~138期。

1945年《宇宙风》迁到重庆。这时候的中国满目疮痍，前方战乱，后方则被经济崩溃所累，物价飞涨，交通中断，纸张和印刷都很难保证，这一时期的《宇宙风》有时候不得不用土纸印刷，纸质和印刷质量都很差，字迹极难辨认。著名作家和记者曹聚仁曾经写文记录在重庆的杂志社所出版的《宇宙风》："昨晚，手边便是一本重庆版的《宇宙风》一三九期，我相信这本刊物到了某人手里，该是最可宝贵的古董了。这本刊物用那么可怜的草纸印行，看起来实在模糊得很。"《宇宙风》在重庆共出版两期。

时序来到1946年2月，杂志社又一次迁到广州，出版了最后12期，第152期为终刊号。回望这8年抗战的艰苦时期，《宇宙风》的迁徙路线，也是当时很多文人、文化大家和高校的迁徙路线。广东、重庆以至整个大西南，成为不能奔赴前线的人们的集中避难地，也同时反映出日本侵华战争的蔓延势头，从东部沿海的大城市，步步紧逼到内陆。这份命途多舛的杂志，无意中就成为大历史的见证人和大时代的缩影，它想逃离战乱的侵扰，欲图安宁的发展环境，却不得不卷进社会的旋涡之中，为历史所塑造。

另一方面，《宇宙风》能在抗战之中不断努力生存，迁徙，复刊，再迁徙，再出刊，在当时文化界也十分难得。当全副武装带着尖刀的文字们面对战争也不得不休刊之时，一贯爱着本性生活的《宇宙风》依然竭尽全力，没有太多功利的目的，文学本来就是文学，杂志本来就是杂志。水至柔而刚，如老子所说，晚年的你，坚硬的牙齿掉光，柔软的舌头还在。

语丝：随意而语，丝丝在理

【刊物档案】

创办时间：1924年　　　　　　停刊时间：1930年

出版地点：北平和上海

创始人：孙伏园、鲁迅、周作人、钱玄同、林语堂等。

主要撰稿人：鲁迅、周作人、川岛、刘半农、章衣萍、林语堂、钱玄同、江绍原等。

刊物特色：以散文为主的综合性文学期刊。

刊物大事记：

1924年11月17日，杂志创刊；

1924年12月，公示"语丝十六人"；

1927年10月，杂志被奉系军阀张作霖查禁；

1927年12月，在上海复刊；鲁迅接任主编；

1928年，主编由柔石担任；

1930年3月10日，终刊。

"费厄泼赖"

《语丝》杂志的封面配图很简洁又抽象，却切合杂志的创办本意，文字和文学都是随意漫谈，但同时带着深刻的讽刺和批判意味。"任意而谈，无所顾忌"正是《语丝》杂志的主要撰稿人，同时曾任其主编的鲁迅对杂志理念的描述。

杂志本身从一开始就是"同人刊物"。一群思想、志趣和价值观以及文学态度很相近的作者组成团体，在其刊物上发表文章，这本杂志就是同人刊物了。所以《语丝》的编辑原则，就是"凡社员的稿件，编辑者并无取舍之权，来则必用，只有外来的投稿，由编辑者略加选择，必要时且或略有所删除。"可见《语丝》是这一群作者共同经营、自编自写的刊物，像是大家一起导演和演出的剧目。

也正因为如此，随着《语丝》影响力逐步扩大，杂志的这群同人也逐渐形成了"语丝社"，是为一个现代文学社团。这批人里有孙伏园、鲁迅、周作人、川岛、刘半农、章衣萍、林语堂、钱玄同等。其中最突出的，也就是做主角的，莫过于鲁迅和周作人兄弟二人。

《语丝》发表的文章类型多种多样，最多的还是杂文、短评和随笔，也有文艺作品和历史、社会的研究论文。诚然，杂志同人之间的文风还是略有差别，鲁迅的文字是出了名的犀利泼辣和尖锐，林语堂则是另外一种略带讽刺的幽默和淡泊。这样新锐、带着所向无敌气质的文字，也被当时文坛称为"语丝派"。杂志创刊号上由周作人发表的发刊词谈到，"这个周刊的主张是提倡自由思想，独立判断，和美的生活"，"想冲破一点中国的生活和思想界的混浊停滞的空气"，"周刊上的文字，大抵以简短和感想和批评为主"。

虽然志向相同，但文风有异，《语丝》同人还在"骂人"这件事上的"原则"有所不同。林语堂和周作人提出，写文章批判问题和现象应该坚持的原则是"费厄泼赖"。这个被他们音译得颇有意思的词，原文是英文Fair Play，直接翻译的意思是"公平游戏"，也就是对抗要讲求光明正大，不玩暗箱操作的阴谋手段，同时得饶人处且饶人，对象被批判落水，就不要穷追猛打，留失败者一分尊严。透过这个很有"绅士风度"影子的"骂人原则"，可以看到林语堂等人受到西式教育和为人修养的影响之深。

但"横眉冷对千夫指"的鲁迅并不能苟同。留学日本的鲁迅，似乎并没有太多被日式礼教和隐忍的性格影响，而更多具有武士道一般的决绝气质。他立刻批评林语堂和兄弟周作人的"费厄泼赖"，他向往并身体力行的是彻底的革命。虽然他对于《语丝》也同意写文章可以漫谈可以随意可以无所顾忌地幽默讽刺抑或是俏皮，但文采终究只是工具，目的则在于"要催促新的产生，对于有害于新的旧物，则极力加以排击"。

其后，曾经有其他文学团体批评语丝派只是"趣味文学"而缺乏革命内涵和社会深度，单看鲁迅就知道，这真是错怪了《语丝》和语丝社了。但语丝社本身并不是正式和界限分明的文学社团，虽然《语丝》曾经发表简短的告示"钦定"了被时人称为"语丝十六人"的语丝社同人："本刊由周作人、钱玄同、江绍原、林语堂、鲁迅、川岛、斐君女士、王品清、衣萍、曙天女士、孙伏园、李小峰、淦女士、顾颉刚、春台、林兰女士等长期撰稿。"但其实，语丝社内部成员之间比较松散，也并不那么固定，社员的投稿进进出出，最后比较固定的投稿同人就只有五六个人而已。而鲁迅和林语堂、周作人在这个重要价值观上的分歧，或许也在冥冥之中暗示着《语丝》同人可能早晚有一天会分道扬镳。后来鲁迅同主办幽默小品杂志的林语堂渐行渐远，之间又与兄弟周作人失和，也似乎正应了这段难得的共事时光里，如蚁穴一般慢慢长大的裂痕。这也无怪台上的几位过于偏执，观点的差异，自从人变成人可以独立思考之后就始终存在，在混乱不堪但相对自由的年代里，嗫嚅诺诺的只能成为跟在末尾的草民，坚持己见的往往是引领潮流的精英。只是这几位各有各特点的文化人，可能并没有意识到，观点的不同是最有价值的自由，而尊重对立的观点才是民主。

"由她去罢"

且不论有关语丝派的所有形而上的争执，《语丝》周刊的创立以及命名的渊源是一段很有意思的故事。

话还要从《晨报》副刊开始说起。20世纪20年代，这《晨报》副刊是五四运动中打响名号的著名"四大副刊"之一，1916年创刊时是以梁启超为代表的进步党机关报。1924年时值刘勉负责编务，那时候风流倜傥的徐志摩正追求林徽因，追求得如火如荼，即使徐志摩已经是结过婚的人了。才子佳人而又是文坛明星，花边新闻自然是满城飞。

当然，这段不靠谱的单相思最终还是以林徽因坚决不答应徐志摩为结局收场。自始至终都活在浪漫爱情的憧憬之中的诗人，在失恋之际写了首名为《去

徐志摩与林徽因

吧》的诗，发表在6月的《晨报》副刊上。

绯闻爱情、失意抒情的沸沸扬扬，"尖刀"鲁迅当然也知道。显然他十分看不过这样因为女人、因为爱情就无病呻吟"哎呀不行我要死了"的"文人骚客"，所以照鲁迅的惯例写首讽刺消遣的诗来暗地里笑话一下。于是写了首打油诗《我的失恋》，最后一句"由她去罢"摆明了调侃徐志摩。

孙伏园

这首诗也投给了《晨报》副刊，当时的编辑孙伏园已经通过了稿件将要发表面市，但最后却被总编刘勉拿下。刘勉这么做有他的原因，徐志摩算是梁启超的弟子，徐志摩热恋的林徽因，未婚夫又是梁启超的儿子梁思成，所以这"官方报纸"的总编辑多少都要照应老板脸面，何况还是桃色新闻这种不上台面但有伤脸面的事。

"受害人"鲁迅不会顾及这么多。他当时把诗交给《晨报》副刊之时想以"某生者"的新笔名发表。被拿下后，他自己说："而且所用的又是另一个新鲜的假名，在不肯登载第一次看见姓名的作者的稿子的刊物上，也当然很容易被有权者所放逐的。"暗讽《晨报》副刊不肯发掘新人。稿子被总编拿掉这在当时的文坛上还算是件大事，后来鲁迅在北大曾经拿这事自嘲开玩笑，说："像我们这样有胡子的老头子，连失恋都不许我失了！"

鲁迅是自尊心很强的人，但不会因为稿子被毙掉一次就觉得如何。但这件事对编辑孙伏园来说就是个导火索，之后不久孙伏园就离开了《晨报》副刊，因为怀有自由话语理想的孙伏园，再看不得大报里对言论的各种牵制。鲁迅也说："北京虽然是'五四运动'的策源地，但自从支持着《新青年》和《新潮》的人们风流云散以来，1920年至1922这三年间，倒显着寂寞荒凉的古战场的情景。"所以大家都感到需要一个自由发表看法的平台，于是孙伏园同鲁迅等人酝酿自己创办一份杂志，自主经营，不受老板的眼色、财主的脾气、政党的威胁所困扰。

这个"婴孩"的命名也很"随意"。周作人曾经回忆《语丝》，并写下文章提到："刊物的名字的来源是从一本什么人的诗集中得来，这并不是原就有那一句话，乃是随便用手指一个字，分两次指出，恰巧似懂非懂的还可以用。"原来是这群有着办自己杂志想法的人聚集在一起，用这种颇像行酒令的方法为刊物取的名字，这正是杂志创刊的1924年11月17日。后来鲁迅在一篇写给孙伏园的文章中曾言简意赅地描述过《语丝》的这段创刊历史："你当然还记得《语丝》诞生的历史。当初你在编辑《晨报》副刊，登载我的《徐文长故事》，不知怎的触犯了《晨报》主人的忌讳，命令禁止续载，其后不久你的瓷饭碗也敲破了事。大家感到自由发表文字的机关之不可少，在开成茶楼集议，决定发行这个连名字也是莫名其妙的周刊。"从《晨报》副刊决裂、名字的戏谑式来源，都垫定了这份影响巨大的杂志"随意"的基调。"连名字也是莫名其妙的周刊"试图用实际行动追求言论自由的希冀，文风也是随意而不加限制，但也正如鲁迅所说："即此已可知这刊物本无所谓一定的目标、统一的战线，那十六个投稿者，意见态度也各不相同。"最终有关自由的理想，还是输给了想在文学中赋予家国天下革命内涵的工具价值。

呐喊与消声

《语丝》创刊号上孙伏园把当时鲁迅那首被《晨报》副刊总编拿掉

的失恋诗发表在醒目位置，很有对抗和争气的意味。但杂志创刊初期销量并不尽如人意，而杂志社同人们则纷纷表示愿意在销量上尽自己一分力量，据说孙伏园、李小峰和川岛这几位撰稿人"夹着《语丝》沿街叫卖"，鲁迅则说"愿意竭力'呐喊'"。这群文化名家筹办刊物并没有太多营利目的，是单纯的"发声"想法，在没有什么成熟的杂志宣传方法，也没有其余支持推广的资源的情况下，《语丝》周刊全是靠这些撰稿人的一点一点努力起步的。

虽然开始的状况比较窘迫，但杂志内容的质量却一贯上乘犀利。《语丝》最先是在北大等高校打响的名声，逐渐出现新期刊面市很快就被学生抢空的情况。至此《语丝》从一个"随便"的刊物变身，最终成为近现代中国文化历史上绕不开的一段。《语丝》成为一个风格，一个流派，一个现象和一个风潮。

但《语丝》依然没能逃过言论管制的大环境追击。杂志在创刊三年后的1927年10月22日被奉系军阀张作霖查封。当时杂志已经编好了即将出版的两期，面对封刊，杂志社立刻迁往上海，这已经成刊的两期就在上海出版。

这年12月《语丝》主编由鲁迅接手，其后于1929年，鲁迅推荐好友、革命文学家柔石任编辑。此后主编又交给李小峰。这时候的《语丝》已经同北京时代的杂志不太相同，更趋近于一本纯文学刊物，少了许多北京时代的批判精神和探索问题的锐气。但在柔石任主编时期，《语丝》添加了发表翻译文章的栏目，杂志也由此有了更多学术意味。

对于一本杂志来说，换帅很有赌博一般的风险，要么是更好，要么是一蹶不振，而频繁换帅则多添一分输的几率。这是因为评论性杂志紧要的事就是保持风格前后延续统一。虽然语丝社已经形成的风范对继任主编都是很好的规训，但这种延续和统一就在短时间内频繁更换主编的过程之中衰减，直到人们一回头，发现手里的杂志封面还在，感觉却不对路了。

柔石

同时语丝社的各位成员随着个人声望和对实现理想之渴望的增加，而慢慢疏于联系，各自忙着各自的事业，做学术的、爱文学的、办报刊的、搞革命的、左边的、右边的、中间的、声称跟我没有关的，初出茅庐的时候曾经可以"一拍即合"的各位撰稿人，在迥异的道路和思想上越走越远，最终让语丝社解散。1930年3月《语丝》杂志出刊最后一期，这同时标志着语丝社的解散。

《语丝》的诞生带着各位成员对自由言论的期望，然而它和语丝派对中国历史更为重要和深远的影响，却是在于文学上，督促中国新文学和新式散文从依然古旧的思维方式向现代化转变，是中国现代散文成熟的开始。

中学生：教育良友

【刊物档案】

创办时间：1930年　　　　　　停刊时间：—

出版地点：上海　　　　　　创始人：夏丏尊、叶圣陶、章锡琛

主要撰稿人：夏丏尊、章锡琛、丰子恺、顾均正、叶圣陶、朱光潜。

刊物特色：是我国第一本专门为中学生创办的综合性刊物。

刊物大事记：

1926年，章锡琛成立开明书店；

1930年1月，开明书店出版《中学生》；

1919年1月，《新潮》杂志创刊；

1926年，朱光潜在杂志连载《给青年的十二封信》；

1931年，夏丏尊与郁达夫、胡愈之、丁玲等二十余人发起成立上海市文化界反帝抗日联盟；

作《致文学青年》,《我的中学生时代》,刊于杂志;

1933年,叶圣陶与夏丏尊合作在杂志上连载《文心》;

1937年7月1日,杂志因为战争休刊;

1946年,杂志在上海复刊,夏丏尊发表寄词,同年夏丏尊逝世;

1946年6月,杂志出版悼念夏丏尊先生特辑;

1950年,开明书店实行公私合营,与青年出版社合并为中国青年出版社;

其后杂志改由中国少年儿童新闻出版总社主办;

1964年,毛泽东为杂志题写刊名。

长寿源于专注

《中学生》的创刊号封面并不起眼,扔到20世纪30年代大上海的街边报摊上,估计很快就被海量的时尚封面女郎和犀利的政论杂志埋没。然而历史就是如此,翻云覆雨,恐怕那时的谁都无法预料到,这本低调的《中学生》杂志是风起云涌的民国报刊业中,最长寿的一个。虽然也不能幸免地曾反复经历过停刊和复刊的过程,但在如今的市面上,你依然能够看到这本杂志的身影,坐不改姓,行不更名,历史的车轮碾过,它依然自称《中学生》。

杂志的长寿恐怕没有多少秘诀可言,谁都要面对战火中出其不意砸到自家编辑部的飞弹,也都要绞尽脑汁应对崩溃后物价飞涨的国民经济,许多杂志最终得以渡过难关,都与机缘巧合的幸运有关。然而杂志《中学生》的长寿,则更多源于它的专注。这本杂志是当时第一本专门为中学生创办的杂志,也就此成为中国杂志史上的头一本。所以杂志为自己定位的使命,在于"替中学生诸君补校课的不足,供给多方的趣味与知识、指导前途、解答疑问，且作便利的发表机关"。

清末民初也正是中国教育体制剧烈变革的时期。旧式学堂里给青少年的读物无非是四书五经的儒学经典，而在引进西方学制的民国时代，虽然报纸杂志和出版业在自由环境中花开遍野，但适合青少年的读物依然是未开垦的处女地。《中学生》由此应运而生，成为这片空白土地的拓荒牛。

这本杂志的创始人正是著名教育家、文学家叶圣陶和夏丏尊。在几位大师的操刀下，《中学生》的内容也十分精良，很有别出心裁的精致美感。20世纪30年代的《中学生》，每年出版10期，每期有200页，近20万字的内容，除了语文教育所需的文史和创作，还广泛涉猎科普和时政内容。这也能从杂志的栏目设定看得出来，"世界情报"、"科学拾零"、"美学讲话"、"文章修改"、"文艺竞赛"、"问题讨论"等等，都是课堂上教材中很少涉及的必备知识和技能，又没有脱离中学生的身心成长。人称《中学生》营造出校园之外的"大语文"，当时的读者评价《中学生》也说它，"文字亲切流畅，也并不是怎样高深的道理，就像对着一个知心的朋友谈话一样，可是它又不时闪烁着智慧的光芒，这就在青年人的纯洁的心灵中投下了令他神往的东西。"

由此可见《中学生》定位精准，是民国时代中学生杂志领域填补空白的第一本杂志，又在内容上悉心经营，而超越了报纸杂志本身的影响力和影响范围，具备了文化和学术价值。所以沈从文甚至说："许多大学生还应当看看这份刊物。"可见其地位和价值。

开明书店

提起《中学生》杂志的诞生和经营，则不得不提到开明书店。每一本杂志都有它的出版社，回顾民国报刊史我们可以看到，出版社对一本杂志的命运极为重要。有时候它是推手和催生母体，它能在战乱时期支撑杂志的经营，有时候则在自身消亡之后挥手带走它出版的杂志。

《中学生》正是一本与其出版社开明书店的起伏息息相关的杂志。开明书店成立于1926年，创始人为章锡琛。熟知章锡琛的人可能不多，但纵观他的生平可知他也算是不简单的人物。章锡琛曾经担任上海商务印书馆的诸多职务，包括《东方杂志》编辑、《妇女杂志》主编和国文部编辑，晚年则主持拟定新中国《著作权暂行法》，还参与了《资治通鉴》的校注工作。

章锡琛

20世纪20年代于商务印书馆任《妇女杂志》主编的章锡琛，渐渐觉得不能认同商务印书馆的文化和办刊宗旨，所以辞去主编职务，自己创办了另外一本妇女杂志《新女性》。杂志气候初成之后，章锡琛以《新女性》为基础，在上海开办开明书店，宗旨在于"创造良好的文化氛围，倡导新式思想和生活潮流，扶植新生作家"，这与商务印书馆"开启民智，昌明教育"的理想显然有不同之处。一开始开明书店办公室设在章锡琛的家，宝山路60号，开张不久出版社就扩展到了64号。创办伊始资金约5000元，1928年改组为股份公司后资金为5万元，在负责人的经营下，至1947年达到法币30亿元；在北京、南京、广州、长沙、武昌以至台北都有开明书店的分店，总计17家。由此开明书店成为民国时期规模甚大、影响较远的出版社之一。

开明书店出版图书重视质量，从内容到校对，从纸张都装订，每一个细节都十分考究，踏实而不盲目跟风，这或许是开明书店受到文化界和读书人赞誉的重要原因。书店聚集起的作者群包括夏丏尊、叶圣陶、丰子恺、宋云彬、王统照、陈乃乾、周振甫等各界名家，茅盾的《蚀》《虹》《子夜》，巴金的《家》《春》《秋》《灭亡》《新生》都是由开明书店出版的。而《中学生》则是开明书店最成功的代表性手笔，同出版社的其他杂志如《新女性》、《文学周刊》和《月报》相比，《中学生》是影响最大、存世周期最长的一本。朱光潜、叶圣陶和夏丏尊由于经常在《中学生》上发表作品，所以其结集成书的《谈美》、《文心》也都是开明书店出版的。《中学生》杂志能有如今的地位，不得不感谢当年可以乘凉的大树——开明书店。

新中国成立后的1950年，开明书店实行公私合营，同青年出版社合并成为如今的中国青年出版社。而创始人章锡琛的命运则没有那么幸运，1958年他被划为右派，虽然在1960年摘掉右派帽子，但在"文革"之中受到迫害，1969年含冤而死。

叶圣陶与夏丏尊

《中学生》的主办人叶圣陶和夏丏尊则是人们耳熟能详的人物。两位虽然都以教育家和文学家的地位闻名于世，但他们的生平履历则不仅限于这两个领域。

　　叶圣陶的原名是叶绍钧。他少年时代还是清政府当朝，请学校先生起一个勉励爱国的字，先生说："你名绍钧，有诗曰'秉国之钧'，取'秉臣'为字好。"意在训诫自己做爱国臣子。辛亥革命后的第二天，他又找到先生，说清朝已经作古，不能再做俯首帖耳的奴臣，麻烦先生取个新字。先生说："你名绍钧，有诗曰'圣人陶钧万物'，就取'圣陶'为字吧。"从此叶绍钧以"圣陶"为名行于文坛，逐渐为人所熟知。

　　叶圣陶最早在五四运动前就参与北大新潮社的活动，彼时的新潮社是北京大学第一个学生社团，在《新青年》影响下创办《新潮》杂志，成为新文化运动中推动破除封建陈腐思想、发展新文学的重要阵地。可见叶圣陶在剧烈变革的时代奔跑在第一梯队里，1919年他正式加入北大新潮社。

　　叶圣陶曾在上海、北京和杭州等地的中学和大学执教，也正是这些实践经历让他在日后《中学生》的编辑工作中表现出独特的心得体会，慢慢成长为民国时代的著名语文教育家。

　　叶圣陶对文学与生活、教育与成长的反思颇多。他在1921年与茅盾等人发起成立文学研究会，倡导"文学为人生"，这也成为他大名鼎鼎的座右铭。他与朱自清共同

叶圣陶（左）与朱自清

创办的杂志《诗》成为第一本诗刊，展现出对文学发展的犀利洞见。但涉

猎颇广的叶圣陶，在文学上，诗文、小说样样皆通。在商务印书馆发行的《妇女杂志》上他发表了第一篇白话小说，彼时的《妇女杂志》掌舵手还是章锡琛。之后的1923年，叶圣陶加盟商务印书馆，在这里他写出著名长篇小说《倪焕之》。1930年他加入章锡琛创办的开明书店，主办《中学生》杂志。

对于这本中学生杂志，叶圣陶认为"受教材并不等于受教育"，"中等学校教育的课程，只是一种施行教育的材料，是借了这些材料去收得发展身心能力的"。也就是说，教育的本质目的在于促成人的身心成长，而这一个目的，在课堂中仅仅接受课本教材的规训是远远不足以达成的。所以叶圣陶眼中的《中学生》更是如今所说素质教育的平台，也正是在兼具教育、编辑和文学经验的叶圣陶的把持下，《中学生》杂志深入浅出，成为极具文化价值的中学生通识读本。

杂志另一位核心人物是夏丏尊，一提起来，恍然有些陌生，但如果说他是名著《爱的教育》的译者，你恐怕就熟悉许多了。夏丏尊早年赴日本留学，但中途因为领不到官费支持而辍学回国。1908年，于浙江两级师

夏丏尊

范学堂担任助教。巧的是，鲁迅也于次年从日本回国在此任教，两人就此结识。当时鲁迅送给夏丏尊国外小说集，夏丏尊读罢感到长了不少见识，说自己"眼界为之一开"。之后在文学上，夏丏尊都显示出受到鲁迅的影响，自称是"受他（鲁迅）启蒙的一个人"。

此后李叔同，也就是后来的弘一法师加入两级师范学堂，与夏丏尊共事七年，结下

深厚友谊。五四运动后夏丏尊投身新文化的传播与推广，因为新锐英勇，他与陈望道、刘大白、李次九被顽固势力称为"四大金刚"。想见他同叶圣陶一样，也是当时的先进人物，是能在思想文化领域以至政界折腾出波澜的人物。

《中学生》创刊后夏丏尊同章锡琛、丰子恺等人共同编辑杂志。在这个平台上夏丏尊展现出对国文教育的反省与思考。他是第一个提倡培养"语感"的教育家，按照他自己的描述，就是"传染语感于学生"。也曾用"6W"来训练学生习作的行文思路。"写文章要讲究'真实'和'明确'，为了做到这两点，就必须在说话作文时留心6个W：为什么要做这文（Why）？在这文中所要叙述的是什么（What）？谁在做这文（Who）？在什么地方做这文（Where）？在什么时候做这文（When）？怎样做这文（How）？真正每做一文都能明确回答这6个W，文风就正了。"如今我们的课堂仍然沿用这个简捷方法规训作文练习。

1937年《中学生》因为抗战而休刊，直到1946年战争结束之后，杂志才在上海复刊。夏丏尊听到杂志复刊的消息十分高兴，写寄语说"从今以后，愿继续为本志执笔"。然而在战争中饱受磨难的夏丏尊，此时肺病复发，沉疴已久，病势渐危。叶圣陶赶来探望夏丏尊，见到老友被疾病折磨到如此境地，不禁叹息道："胜利！到底啥人胜利——无从说起！"抗战胜利了，原本皆大欢喜的和平世界里，夏丏尊却再支撑不住了，不久便辞别人世。

同年6月的《中学生》出版第176期，专门制作了悼念夏丏尊先生的特辑，周振甫、张沛霖和丰子恺等人都执笔在这期特辑上发表缅怀文章。

朱颜还在，江山易改

夏丐尊早逝，而杂志另一位主编叶圣陶则在新中国成立之后担任过教育部副部长、政协副主席和前五届全国人民代表大会常务委员，晚年备受各方尊敬，于1988年逝世。

他们的共同事业《中学生》杂志则改由中国少年儿童新闻出版总社主办。这本杂志受到这片国土上新领袖的喜爱，这也是其他民国杂志很难享有的"待遇"。1964年毛泽东为《中学生》杂志题写刊名，杂志封面再不是那么稳重地"低调"了，从此它有了龙飞凤舞的主席题字。其后共和国政要们也紧随其后，董必武、徐向前、薄一波等人都曾为杂志题词或撰稿，来表达对中学生教育和素质发展的希冀。

如今的《中学生》，宗旨是"以知识为本，与时代同步，为校园剪影，和青春作伴"。曾经的文化大家教育先声都慢慢作古，即便朱颜还在，都不及江山变脸来得剧烈和彻骨。主旋律，新时代，正确的政治方向，从此成为这份从民国繁盛时代走来的中学生杂志最时髦的关联词。

紫罗兰：一生罗兰情

【刊物档案】

创办时间：1925年　　　　　停刊时间：1945年

出版地点：上海　　　　　　创始人：周瘦鹃

主编：周瘦鹃

刊物特色：都市时尚类通俗文学期刊。

刊物大事记：

1925年，杂志创刊；

1928年，改正方形版为长方形；

1930年6月，停刊；

1943年4月，杂志复刊，主编仍为周瘦鹃；

1943年5月，张爱玲开始连载《沉香屑》；

1945年3月，停刊。

月份牌美人

　　《紫罗兰》封面上的杂志名题字出自梅兰芳手笔。典型的《紫罗兰》封面上一般会有人物形象，出现最多的自然是美女。那时代的《良友》封面上也会刊登吸引众人眼球的摩登女郎，但不同之处在于，《紫罗兰》封面上的美人们是当时盛行一时的"月份牌"画法，而《良友》则以新潮摄影为主。

　　月份牌的流行则不得不从上海的开放说起。自列强入侵后，上海开辟为通商口岸，欧美资本从此进入上海滩。这些外来的商人们想尽办法倾销他们的商品，尝试过各种各样的广告。他们最终发觉月份牌广告最受当时的中国消费者欢迎。因为中国人有在新年换新年历的习惯，所以每到新年促销时节，商家纷纷大量赠送顾客月份牌，上面是外商老板请中国画家所作的"月份牌"画，并融入商品广告。因为制作精美、色彩艳丽，多采用成色较好的铜版纸印刷，又有孔洞可以穿线张挂，所以人们喜欢在家中悬挂月份牌，既可以查阅日期，又可以当作墙饰欣赏。

最流行的月份牌画是中国传统题材，例如仕女人物图、戏曲场景或者传统水墨山水。到后来最受人欢迎的是身着新潮时装、妆容精致的摩登女性，用中国传统工笔融入西方水彩画的画法来逼真表现。传统中国的审美志趣与重洋外的西方文明找到完美契合点，也正是民国自由开放的旧上海文化奇景，所以月份牌成为当时流行文化的标志之一。

文艺杂志《紫罗兰》封面图案，大量采用了当时十分流行的月份牌画法。透过这些画风独特的封面女郎，从另一个侧面窥见民国时代的女性之美。这些封面上：女性留着时髦的卷刘海儿，或烫一头新潮的卷发；双脸圆润，并不是瘦削的瓜子脸才是美人；修长的眉毛是最美，丹凤眼有卧蚕，鼻子挺实，樱口朱唇，大多还脱不开中国古典美人的标准；耳垂有耳环点缀，水葱一般的手指上戴有戒指，雪白的胳膊上有时候套一支玉镯，更添女性的温婉魅力；她们或同瓶中插花、锦簇繁花坐在一起，或拿着一把折扇，或打一把遮阳伞，甚至更妖娆多姿极具诱惑地夹一支淡香烟；身上的时装，出现最多的莫过于旗袍，最流行高领款式，短袖也从紧身变宽松，格子纹很"洋气"，纯色很端庄，碎花很活泼，冬天在旗袍外披上的风衣披肩，更显淑女的娇小身形，尤其是皮毛，让人想到这倘若是在大上海的繁华街区或是城中公园里偶遇，一定是比画更像画的。

文艺、时尚、杂志，这三者的结合，就必定离不开女性的天生之美。《紫罗兰》也通过端庄典雅的封面女郎，烘托出杂志的休闲、时尚和女性特质，成为那时代彻底的"文艺范儿"。

周瘦鹃的罗兰情

杂志《紫罗兰》于1925年12月创刊于上海，创办人和主编都是鸳鸯蝴蝶派的代表人物之一周瘦鹃。初期杂志以20开的正方形出版，是"中国第一本正方形杂志"，杂志这种"矮小"身形更添一分小巧精致的文艺气息。杂志设有多样栏目，包括长篇小说连载、女性与服饰时尚、侦探小说、小说笔记等。从内容上显然可见《紫罗兰》是以文学和散文为主的时尚杂志。除了封面上十分吸引人的月份牌画之外，正文内也常常有插画。

而周瘦鹃将杂志命名为《紫罗兰》，则有一段"苦恋"的姻缘往事可说。周瘦鹃六岁丧父，母亲靠做针线活辛苦把他拉扯长大，中学毕业留校任教，之后因为在文坛闯出一片天地，辞职成为职业作家。无论从家世还是自己的事业而论，周瘦鹃都不是"富一代"，没法同当时靠实业发家致富的商人巨贾相比。他后来为自己起名"瘦鹃"，也很有他早年贫寒、成年后辛苦的意味，他自己说："最带苦相的要算是我的'瘦鹃'两字。杜鹃已是天地间的苦鸟，常在夜半啼血的，如今加上个'瘦'字，分明是一头啼血啼瘦的杜鹃。这个苦岂不是十足的苦么？"

周瘦鹃

周瘦鹃学习刻苦，当时在上海有名的民立中学读书，就在这里，他遇见了他此生的挚爱。那时他去务本女子中学看演出，见到台上有一个名叫周吟萍的女生，表演得十分活泼，宛如俏皮花旦，下了台是个端庄秀丽的淑女，便对她一见钟情。而周吟萍见周瘦鹃一副眼神深邃的书生模样，有礼貌有气度，气宇轩昂，也是一见倾心。在周瘦鹃热烈追求下，二人坠入爱河。情书的信笺上每一笔似乎都要挣脱纸的束缚，昭告世界爱情的几多炽热，夜半的河塘边，午后的树荫下，他们山盟海誓私定终身。他们是彼此的初恋，此刻的世界在他们眼中再无他人。

正到谈婚论嫁的时候，谁料周吟萍的外公横刀杀出，让热恋之中的周瘦鹃如梦初醒般看见现实和命运的残酷之手，翻云覆雨。周吟萍的外公家代代经商，所以家世优裕，即使不是豪门，也算是殷实而有一定社会地位的了。周瘦鹃一个穷书生，家道落魄，本身也不富贵，如何能配得上大户人家的小姐。门当户对不仅为了幸福还为了全家脸面，为此冷落周瘦鹃这样的寒酸之人实在是无足挂齿的小事。所以周吟萍的家人将这对鸳鸯拆散，为周吟萍另寻家道殷实的夫婿。

　　无论如何，婚姻依然是一个人的终生大事，自由恋爱再美好再为年轻人所追逐，人们在婚姻的现实世界面前，依然深知马虎不得。这一点周瘦鹃的心中也非常清楚，这种不得不接受的现实与现实的残酷让他在自怨自艾之余，始终无法忘记和释怀这段刻骨铭心的初恋。在这段爱情故事里，女主角周吟萍为自己取的英文名字叫Violet，也就是紫罗兰的英文。也因为这个英文名，在痛彻心扉的失恋之后，周瘦鹃就爱上了紫罗兰，并且"认真"程度超出了爱好，几乎就是疯狂的癖好了。他办公桌的案头常年摆一盆新鲜盛放的紫罗兰盆栽，朝夕相对，每每伏案写作之余就抬头望着这盆紫罗兰，若有所思的样子，苦苦思恋的除了初恋情人周吟萍还会有谁呢？并且每天早晚各浇一次水，周瘦鹃必定亲自做，恍若照顾恋人般温存。就连他写文章写信笺都是用紫罗兰色的墨水，仿佛写下的整页整页都是相思，藏着他历经时间都不曾改变的爱恋。

　　也正因为他对周吟萍的思念、对紫罗兰的痴迷，他为自己主编的文艺杂志也取了《紫罗兰》的名字。之后他还做过杂志《紫兰花片》、《紫罗兰言情丛刊》的主编，作品集也全都是《紫罗兰集》《紫罗兰外集》《紫罗兰庵小品》《紫兰小语》《紫兰芽》等。如他自己所说，"那段刻骨伤心的恋史，以后二十余年间，不知费了多少笔墨。""我的那些如泣如诉的抒情作品中，始终贯串着紫罗兰这一条线，字里行间，往往隐藏着一个人的影子"。鸳鸯蝴蝶派同人也写诗评价他："弥天际地只情字，如此钟情世所稀。我怪周郎一枝笔，如何只会写相思。"说的是周瘦鹃这历久弥新不改初衷的爱情，实在是难得，难怪在作品里，字里行间都是相思之情。

　　此后的周瘦鹃专职写作和翻译。他的小说以悲剧爱情为主要风格，成为鸳鸯蝴蝶派的出色作家之一。另外他也是俄国文学的杰出翻译家，是第一个向中国引进高尔基文学的人。晚年隐居在他的"紫罗兰庵"里，潜心创作散文，最终于"文革"之中不堪凌辱，在家中自尽。

而他一生眷恋的紫罗兰小姐周吟萍，结婚后又离异，离异后又独身，一直到晚年才找到归宿。爱情同人一样，有着自己的命运，从结局看开始，只得唏嘘叹惋。

早出名的天才

《紫罗兰》杂志能在历史上留下深刻的印痕，还因为它与张爱玲的一段往事，而张爱玲成为她自己所说的"出名趁早"的"天才"，也离不开《紫罗兰》的"临门一脚"。

1943年，周瘦鹃经过朋友介绍认识了张爱玲。这时候的张爱玲还不是红得发紫的文学明星，在结识周瘦鹃之前，张爱玲只是在英文报刊上发表些剧评和影评。此行张爱玲带来了一份尚未发表的手稿，周瘦鹃一看标题，再细读一下，觉得有种眼前一亮的惊艳感，马上就决定在《紫罗兰》上连载这篇小说，这就是张爱玲的《沉香屑》。《沉香屑·第一炉香》和《沉香屑·第二炉香》都发表在《紫罗兰》上。

这位在照片上从来都是以高贵冷艳气质示人的天才女作家，就凭借这篇不断连载的小说《沉香屑》迅速走红，以至于小说还没连载完毕就要出单行本。这样的蹿红结局和蹿红速度，估计是主编周瘦鹃在决定刊发

张爱玲

文章之时没有想到的，但似乎对年纪轻轻就一直热盼出名、以卖文为生的张爱玲来说则是意料之中的事。

在"读张"成为文化领域的一种流行和新潮之后，周瘦鹃也获得了"张爱玲的恩师"、"知遇之恩"的美誉。然而成为文化明星和"现象"的女作家，一直不改孤高的行事作风，并没有"知遇之恩"的概念，之后的小说和散文，都没有投给《紫罗兰》。《倾城之恋》发表在《杂志》上，《连环套》和《心经》发表在平襟亚的《万象》上，还有《古今》《小天地》《学艺》等杂志上也有零零散散的张爱玲作品。

写文的作者投稿给不同的杂志报纸本来是最正常不过的事，然而张爱玲凭借《紫罗兰》发表《沉香屑》走红后，就再未曾在这本著名的文艺杂志上发表作品，其中缘由也引发众人猜测。心高气傲的张爱玲，八成还是因为主编周瘦鹃没能如她所愿给她足够的礼遇。

多年之后，张爱玲在其自传体小说《小团圆》中描述了发表文章之时与周瘦鹃的交往。说他们一起吃下午茶，"九莉觉得请他来不但是多余的，地方也太逼仄，分明是个卧室，就这么一间房，又不大。一张小圆桌上挤满了茶具，三人几乎促膝围坐，不大像样。"其中的"九莉"就是张爱玲，"他"指周瘦鹃。之后张爱玲继续写到她见到面前这个主编"头秃了，戴着个薄黑毂子假发"，"当然意会到请客是要他捧场，他又并不激赏她的文字。因此大家都没多少话说。"在张爱玲眼中，周瘦鹃并没有给她的文字那么多赞赏，似乎只把她当作最一般的大众作者看待。

与此同时，在《紫罗兰》发表《沉香屑》之时，周瘦鹃写了长长一篇"编者按"，隆重介绍其时尚不知名的张爱玲。然而在这篇前言里，周瘦鹃说张爱玲的文字兼具毛姆和《红楼梦》的风格，"如今我郑重地发表了这篇《沉香屑》，请读者共同来欣赏张女士一种特殊情调的作品，而对于当年香港所谓高等华人的那种骄奢淫逸的生活，也可得到一个深刻的印象，后来他们饱受了炮火的洗礼，真是活该！"意思是张爱玲的小说，写的是没什么时代感的优裕人家的奢靡生活，张爱玲本身或然并不觉得这样的生活本身有对错可言，而周瘦鹃则讽刺这样的人家最终免不了战火洗礼，显然同张爱玲的意愿有所差距。周瘦鹃或许只是把张爱玲当作小姐作家和名媛的一员，对政治冷感对家国天下事敬而远之，字里行间写的是儿女情爱，家长里短，还有一派拜金的商业气。虽然这样的文笔正符合《紫罗兰》的风格，但对于周瘦鹃而言，这样的作者太多太多。所以这种等级的"礼遇"，自然是自负的张爱玲看不过眼的。

复活与终刊

《紫罗兰》杂志出版5年之后就宣告停刊，这期间始终是半月刊。十几年之后的1943年，《紫罗兰》又在上海复刊，主编仍然是周瘦鹃，但改为月刊。杂志出版到1945年最终停刊。

这本杂志本身就是周瘦鹃的"心爱之物"，他曾经在日记里写过，"《紫罗兰》第二期已见于市上，书店书摊中，在在皆是，封面画之碧桃紫兰，灿然动目，予于此际，色然而喜，雅有他乡遇故知之感。"看到自己主编的杂志摆在书摊上售卖，封面华美绚烂，顿时有种遇见故人的感动。以"文学与科学合流，小说与散文并重，趣味与意义兼顾，语体与文言齐放"为宗旨的《紫罗兰》的诞生源于周瘦鹃的紫罗兰情结，而这种对精诚之爱的执着追求，也让《紫罗兰》诠释着文艺和生活的含义，是民国文坛上的"凄美"一笔。